Rastros de LUZ

Marcial Jardim

Rastros de LUZ

Aliança

1ª edição, Dezembro/2014, do 1º ao 3º milheiro

Título
Rastros de Luz

Autor
Marcial Jardim / Espíritos Diversos

Revisão
Antônio Roberto de Carvalho

Diagramação
Pâmela Biazon

Capa
Ariane Haas

Impressão
Rettec Artes Gráficas e Editora Ltda.

Ficha Catalográfica

Dados Internacionais de Catalogação na Publicação (CIP)
— Câmara Brasileira do Livro | SP | Brasil —

Jardim, Marcial.
Rastros de Luz / Marcial Jardim
São Paulo : Editora Aliança, 2015.

ISBN: 978-85-8364-013-4 / 160 páginas

1. Espiritismo 2. Espiritualidade 3. Reflexões I. Título.
14-12182 CDD-133.901

Índice para catálogo sistemático:

1. Doutrina espírita 133.901

Editora Aliança

Rua Major Diogo, 511 - Bela Vista - São Paulo - SP
CEP 01324-001 | Tel.:(11) 2105-2600 | Fax: (11) 2105-2626
www.editoraalianca.com.br | editora@editoraalianca.com.br

SUMÁRIO

1.
ANSIEDADE

A ansiedade em muitas ocasiões nos faz companhia, evidenciando o seu poder, a sua ascendência sobre nós.

A sua presença embaça os nossos olhos, não nos permitindo visualizar as belezas que, generosamente, o mundo nos oferece.

Os nossos ouvidos tornam-se insensíveis aos acordes maviosos da vida, percebendo tão somente o tilintar egoístico do nosso querer.

Nossas palavras carecem de harmonia e brandura, fazendo com que as frases por nós emitidas exalem a acidez dos nossos pensamentos.

Nossa presença, isenta de calor humano, evidencia a frieza do nosso coração, externando, aos olhos do mundo, os nossos sentimentos egoístas.

A ansiedade nos incita a colher o fruto verde, ainda impróprio para o deleite do nossa paladar, ao passo que a paciência, mansamente, nos faz aguardar o momento propício da colheita, fazendo-nos usufruir o justo valor que o alimento em sua contextura encerra.

A ansiedade entorpece a nossa sensibilidade, encarcerando a nossa alma, fazendo-a prisioneira do instinto grotesco, enaltecendo a efêmera matéria.

Nessa azáfama, não nos apercebemos da doce presença do amigo espiritual acompanhando os nossos passos inseguros, inspirando-nos a caminhada, levando ao nosso coração ondas de paz, de carinho, de harmonia, de amor.

Sorri com as nossas alegrias, enxuga o nosso pranto, deseja-nos um "bom dia", diz-nos "boa noite" velando o nosso sono.

Estimula-nos a praticar a caridade, a humildade, a compreensão, o entendimento, o perdão.

Oferta-nos, fraternalmente, seu tempo e, nós, impassíveis, nada lhe oferecemos.

Quantas vezes ilumina o nosso caminho, auxiliando-nos para que não venhamos a tropeçar e, nós, cativos das ilusões, buscamos outras estradas que, fatalmente, nos conduzirão a outras paragens, ilusórias e fugazes.

Comportamo-nos, na maioria das vezes, como verdadeiros autistas, nada percebendo, nada sentindo, nada detectando.

Em todas as ocasiões em que nos encontramos envoltos pela ansiedade, tenhamos a certeza de que estaremos nos afastando deste companheiro espiritual amoroso e, consequentemente, apartando-nos do Divino Amigo Jesus.

A você que nos dedica, generosamente, alguns instantes do seu precioso tempo, atento às nossas modestas ponderações, gostaria de lhe fazer um pedido: Medite! Reflita sobre tudo isto, e se, por vezes, ainda se sentir ansioso, procure redirecionar os seus pensamentos, a sua conduta.

Apaziguando sua mente e dulcificando o seu coração, entrará em sintonia com o amigo espiritual que lhe oferta a companhia e, intuitivamente, usufruirá os seus tesouros espirituais, conquistados ao longo das encarnações.

Assim agindo, estará haurindo, a longos haustos, o aroma perfumoso da espiritualidade e, nas profundezas da sua alma, uma voz silenciosa e melíflua se fará audível, dizendo-lhe:

"Estou contigo, irmão!"

2.
APARÊNCIAS

Ao transitarmos pelas estradas do mundo, vivenciando as mais diversas experiências que, sem tréguas, desfilam diante dos nossos sentidos, eis-nos, de repente, parados, em frente a caprichosa e sugestiva vitrine de uma livraria, impactados que fomos pela capa de determinado livro, cujo título e ilustração nos seduziram a ponto de nos sentirmos impelidos a adquirir um exemplar. Por analogia, permitindo-nos dar asas à imaginação, é como se nos encontrássemos diante de uma pessoa, cuja aparência nos houvesse chamado a atenção, provocando em nós, inusitadas reações.

Devidamente motivados, adentramos o estabelecimento comercial, encaminhando-nos em direção ao livro para, em seguida, tomá-lo em nossas mãos, ávidos por folhear-lhe algumas páginas e, assim, mantermos o primeiro e superficial contato com o seu interior, amainando a nossa momentânea curiosidade. É como se nos aproximássemos daquela pessoa, que tanto nos impactara e, com ela, trocássemos as primeiras impressões, delatando o repentino interesse que em nós despertara.

Tendo o livro em mãos, passamos a manusear-lhe as páginas, quando, então, nos deparamos com o prefácio da obra, cujos dizeres, resumidamente, intentam retratar-lhe o teor, aguçando, ainda mais, o nosso desejo de comprá-lo. É como se iniciássemos, com a tal pessoa, breve diálogo, obtendo, assim, alguns poucos flashes a seu respeito, despertando-nos a curiosidade, sentindo-nos incentivados a melhor conhecê-la.

Assim estimulados, adquirimos um exemplar, esperançosos de virmos a desfrutar momentos agradáveis em sua companhia, deliciando-nos com a sua leitura. Mais tarde, confortavelmente acomodados, abrimos o livro, quando então, nossos olhos iniciam um prazeroso passeio por sobre suas linhas, parágrafos, capítulos, saboreando o começo do seu enredo, sequiosos por conhecer-lhe a essência, imaginando o seu epílogo. É como se passássemos a nos relacionar com a citada pessoa, no campo das relações familiares, religiosas, profissionais, ou sentimentais, usufruindo a sua companhia, inteirando-nos, pouco a pouco, dos seus pontos de vista, valores, tendências, preferências, hábitos, particularidades, ensejando-nos projetar o nosso futuro, se, com ela, viéssemos a interagir, compartilhando o seu dia a dia.

Ao chegarmos ao final do livro, haveremos de nos sentir gratificados pelo seu enredo, sua história, suas riquezas, ou então, decepcionados com o seu conteúdo, iludidos que fomos pelos supérfluos apelos de sua capa, do seu título, da sua ilustração, do seu prefácio, das suas promessas. É como se depois de algum tempo de convívio com a referida pessoa, fôssemos, gradativamente, sendo acompanhados por incondicional alegria, antessala da harmonia e da paz, ou então, visitados pelo desencanto, pela desilusão, seduzidos que fomos pela sua aparência, suas palavras, suas vãs promessas que, a princípio, nos encantaram, mas que o tempo acabara por desnudá-las, expondo-nos a essência da sua alma, carente de nobres sentimentos, envolvida pelas teias pegajosas do mundo da matéria e, consequentemente, ainda bem distante dos caminhos que o Cristo, para todos nós, delineara.

Portanto, jamais nos deixemos seduzir pelos sutis, superficiais e efêmeros apelos do mundo sem antes avaliá-los, à luz dos tesouros imperecíveis do Espírito, pois, tais apelos encontram-se, principalmente, presentes na superficialidade das palavras, atitudes, ações e promessas de incontestáveis seres humanos que, desconhecendo os reais valores da fraternal consciência, ainda perambulam pelas estradas da vida, prejudicando, ardilosamente, em seu próprio benefício, tantos quantos, distraidamente cruzam os seus caminhos, vindo a comprometer-lhes o hoje e, talvez, o amanhã das suas vidas.

A matéria, teimosamente, continuará tentando nos fascinar e, apesar de estarmos, de certa forma, prevenidos contra as suas artimanhas, em alguns momentos a dúvida poderá vir em nosso encalço, dificultando-nos a decisão. Se assim for, busquemos inspiração em Jesus e Ele, amorosamente, pelas vias do pensamento e do coração, nos dará forças e o devido discernimento para que possamos bem avaliar e decidir quanto aos caminhos que os nossos pés ainda haverão de percorrer.

3.
ATÉ QUANDO?

Percorrendo as estradas do mundo, iremos, pouco a pouco, contatando inumeráveis seres humanos que são possuidores dos mais diversos pendores, portando na sua intimidade a somatória das mais variadas experiências de vida que, gradativamente e se bem compreendidas, irão lapidando as suas almas para que um dia venham a brilhar, conquistando a própria luz.

Quando nos encontramos envolvidos num amistoso colóquio com um deles, por vezes, acabamos por conhecer o caminho religioso pelo qual optou, sendo bastante comum constatarmos a sua plena convicção a respeito.

Todavia, nem sempre encontramos esta mesma convicção por parte dos militantes nas lides espíritas, sendo habitual deles ouvir que estão “tentando ser espíritas”.

Na realidade, se assim pensamos, é sinal de que ainda não nos conscientizamos do real degrau espiritual onde nos encontramos.

Assim agindo, não nos damos conta de que esta forma de expressão com respeito à doutrina que abraçamos, além de estarmos sendo ingratos para com ela, poderá soar aos ouvidos do nosso interlocutor como uma falsa modéstia de nossa parte.

Ou então a pessoa com quem dialogamos, poderá deduzir que nossos poucos conhecimentos a respeito não nos encorajam a assumir o caminho religioso pelo qual optamos.

Enfim, além destas, muitas outras deduções ainda poderão ser feitas.

Por estas razões vamos envidar os nossos melhores esforços para deixarmos de tentar e passarmos a ser, definitivamente, espíritas.

Sejamos gratos e justos para com esta doutrina que nos encanta e que mudou o rumo da nossa vida.

Não tenhamos dúvidas de que, a partir do instante em que a realidade do processo reencarnacionista penetrou em nossa alma e que a reforma íntima, fundamentada nos ensinamentos do Cristo Jesus, dos quais a Doutrina dos Espíritos é pródiga, já foi por nós iniciada, nada mais sensato para nos considerarmos espíritas, independentemente da curta ou longa caminhada que ainda haveremos de empreender nas sendas da evolução.

Mantenhamos sempre vivaz em nossa mente a máxima enunciada por Kardec: "Se reconhece o verdadeiro espírita por sua transformação moral e pelos esforços que realiza para dominar as más tendências".

Se é assim, amigo leitor, que você, verdadeiramente, se vê e se sente, tenha a certeza de que você, há tempos, já é espírita de alma e de coração!

4.
CEGA VAIDADE

Por força dos conhecimentos auferidos pelas nossas mentes ao longo da escalada reencarnatória, pelas experiências e informações que vão adentrando o manancial dos nossos sentidos, somos, por vezes, instintivamente, impelidos a nos reconhecer possuidores de muitos conhecimentos, atribuindo-nos valores de que ainda não somos possuidores.

Assim sendo, gradativamente, tornamo-nos observadores atentos perspicazes, transformando-nos, pouco a pouco, em críticos frios e impiedosos, distanciando-nos do calor aconchegante da fraternidade e do amor.

Denunciando pretensioso saber, donos absolutos da verdade, sem nos apercebermos, vamos nos apartando do mundo pujante que nos circunda, passando a vivenciar, sutilmente, a solidão que para nós mesmos edificamos.

Corações a nós ligados pelos laços de consanguinidade, vão, lentamente, se dando conta dos nossos deslizes e equívocos, mas, por força do amor, compreendem-nos, perdoam-nos pela nossa indevida e cega vaidade, esperando que, com o passar do tempo, a vida possa nos ensinar a simplicidade do verdadeiro caminho a ser trilhado.

Somente nos apercebemos das coisas e dos fatos que a nós e àqueles a quem amamos, interessa.

Senhores do mundo, achamos que de ninguém necessitamos, autossuficientes, achamo-nos capazes de viver sem depender de ninguém.

Ledo engano.

Não temos tempo para refletir a respeito do teto que nos cobre, das roupas que nos vestem, da mesa em que ao seu redor nos sentamos, do alimento que nos nutre, da água que mitiga a nossa sede, da cama que refaz nosso corpo da lida diária, do cobertor que nos protege, da luz que nos alumia, e que não foram por nós criados ou produzidos, pois foram milhares de mãos, por nós desconhecidas, que confeccionaram para atender às nossas, por vezes, tão primárias, necessidades.

Somos, tão somente, usufrutuários dos tesouros do mundo e que, muitas vezes, temos dificuldades para reconhecer e aceitar.

Todos nós, sem qualquer exceção, necessitamos uns dos outros e, juntos, somos capazes de muito e, sozinhos, estaremos reduzidos às nossas mais ínfimas possibilidades.

Deixemos as críticas dizerem adeus à nossa mente, para que a musicalidade do amor adentre nossos ouvidos, para que a doçura envolva as nossas palavras e a nossa voz, para que o trabalho em favor do próximo locuplete nossas mãos e para que o suave perfume do Cristo Jesus balsamize nossa alma.

Assim agindo, gradualmente, iremos reconhecendo a importância de cada ser humano que, como nós, busca a felicidade, sem nos darmos conta de que começaremos a encontrá-la quando compreendermos o verdadeiro sentido da caridade, da humildade e do reconhecimento dos valores e necessidades alheios, que o Divino Amigo, na Sua peregrinação por este bendito planeta azul, tão docemente vivenciou, tornando-se merecida e unanimemente reconhecido como o "Mestre de todos os Mestres!"

5.
CLAMOR DA JUVENTUDE

Quando jovens, é de certa forma compreensível que os instintos mais aflorados nos estimulem a vivenciar nossa existência de forma mais intensa e impetuosa.

O clamor da juventude inebria o nosso ser, fazendo com que, muitas vezes, sejamos intempestivos no pensar, no agir, no falar, no gesticular, fazendo-nos colher no futuro, às vezes próximo, o fruto de tudo aquilo que houvermos semeado.

As pessoas que conosco mantêm contato, sentem-se, por vezes, desrespeitadas, agredidas, magoadas pela nossa falta de sensibilidade e, como consequência, desestimulam-se a manter conosco um diálogo que, acreditam, provavelmente não seria agradável e, muito menos, profícuo.

Assim agindo, os jovens acabam por desperdiçar oportunidades maravilhosas de convívio, de aprendizado, de evolução, deixando de desfrutar companhias ricas em experiências, conhecimentos, compreensão, carinho e amor, ao mesmo tempo em que deixarão de presentear aqueles com quem poderiam dialogar, com o entusiasmo, com o otimismo e com a beleza da juventude que ora vivenciam.

Por estas razões, a você, jovem, que neste instante nos oferta o carinho da sua atenção, gostaríamos que meditasse com profundidade sobre o que acabamos de lhe expor, para que possa cravar em seu coração duas joias maravilhosas que denominamos de compreensão e respeito, que, sem dúvida, lhe possibilitarão usufruir imensas alegrias ao mesmo tempo em que lhe permitirão, também, levar a outros tantos corações o prazer da sua presença respeitosa e fraterna.

E a você, que, em idos tempos já teve a ventura de desfrutar o brilho da juventude, pedimos que faça emergir, também, da sua alma, o perfume da compreensão e respeito, a fim de que possa balsamizar o coração de todos os jovens que vierem ao seu encontro, fazendo-os usufruir a sua experiente, paciencíosa e terna companhia.

6.
CORAGEM

Quando na erraticidade, ao assumirmos uma nova missão a ser desempenhada nesta Terra que nos acolhe como generosa mãe, adquirimos, naturalmente, importantes, e intransferíveis responsabilidades.

Ao assumirmos um novo corpo carnal, quando tantos irmãos ainda aguardam nova chance para reencarnar, adquirimos obrigações e dele devemos fazer o melhor uso, para que possamos, no final desta nova experiência de vida, ter a consciência em paz por tê-lo bem usufruído, não só em nosso próprio benefício, mas, principalmente, em prol de todos aqueles que conosco transitaram pelas mesmas calçadas.

O fato de estarmos reencarnados, por si só evidencia que nos dispusemos, perante o Pai da Vida, a reiniciar uma nova trajetória vivencial e, para tanto, nos revestimos de uma joia rara da espiritualidade que simplesmente denominamos de coragem.

Com ela adquirimos as forças necessárias para vencermos as vicissitudes e seguirmos vitoriosos rumo à eternidade.

Como somos velhos passageiros do comboio do amor, já temos os conhecimentos e a consciência do que sejam as virtudes e, portanto, necessitamos apenas, nesta nova oportunidade carnal, docemente testemunhá-las, por meio:

da coragem para levarmos carinho, amor, gratidão àqueles que nos serviram e nos ofertaram seus corações de pais;

da coragem para recebermos, amorosamente, em nosso regaço, aqueles que vieram desfrutar a nossa presença como filhos, irmãos, parentes, amigos e companheiros;

da coragem para nos empenharmos em nossa reforma íntima, esforçando-nos para eliminar as desvirtudes que tanto prejudicam nossa evolução espiritual;

da coragem para fazermos da humildade a nossa bandeira, em todos os momentos da nossa existência;

da coragem para exercitarmos a caridade, ofertando, auxiliando, sem magoar, nem ferir;

da coragem da sinceridade, eliminando de vez, o aroma desagradável da mentira das nossas entranhas;

da coragem para nos conscientizarmos dos erros cometidos, corrigindo o rumo dos nossos passos para o amanhã da nossa vida;

da coragem para pedirmos perdão, todas as vezes que tenhamos decepcionado ou ferido alguém;

da coragem para nos destituirmos das medalhas do orgulho que pesam em nossa alma, retardando a nossa caminhada;

da coragem para nos desfazermos da vaidade que nos atribui valores que, na realidade, não possuímos;

da coragem da justiça, levando-a conosco como bagagem bendita, qualquer que seja a viagem que empreendamos, mesmo quando, ao aplicá-la, momentânea e materialmente, nos sintamos prejudicados, porque, espiritualmente, estaremos desfrutando a branda presença do Mestre do Amor, avalizando nossa atitude;

da coragem da brandura, fazendo-a morar no âmago da nossa alma, exteriorizando-a em favor de todos aqueles que se encontram carentes de amor;

da coragem da palavra melíflua que anestesia os ouvidos recalcitrantes, fazendo--os sutilmente, se aperceberem dos sons maviosos do hino do amor a penetrar a intimidade das suas almas.

Enfim, da coragem para nos conscientizarmos das nossas responsabilidades perante a vida, fazendo com que o Cristo Jesus seja sempre a estrela-guia a iluminar as nossas veredas, para que, em momento algum das nossas existências, nos esqueçamos dos irmãos que ao lado buscam a felicidade, fazendo com que a nossa felicidade seja, simplesmente, a de deixá-los felizes também!

7.

DALTONISMO ESPIRITUAL

Durante a nossa caminhada por este planeta de provas e expiações, por vezes, nos deparamos com seres humanos que apresentam em seus órgãos visuais uma incapacidade para diferenciar ou para perceber certas cores, o que lhes acarreta algumas dificuldades, seja no campo profissional, social... E que a medicina diagnostica denominando-a de daltonismo.

Muitas dessas criaturas, desconhecendo que são portadoras desse distúrbio, permanecem equivocando-se na avaliação das cores, julgando-se corretas, quando na verdade, encontram-se em erro, até que um dia, alertadas por alguém ou visitando um oftalmologista, acabam tomando conhecimento da anomalia que, há tempos, as persegue.

A partir de então, conscientizam-se dos inúmeros enganos de avaliação que cometeram no passado e que poderiam ter sido evitados, caso houvessem tido o prévio conhecimento deste incômodo fato.

Tendo em vista o que acabamos de expor, por analogia, tomamos a liberdade de dizer que existem por este mundo afora, inúmeros seres humanos que nos permitimos denominar de "Daltônicos Espirituais", que, em realidade, carregam na alma o orgulho frívolo que lhes embaça a visão espiritual, fazendo-os enxergar, em si próprios, valores que não possuem e que, em vão, tentam ilustrar, mas que os olhos alheios não conseguem visualizar.

Enganam-se em seus levianos julgamentos, deixando um rastro de pretensão, inquietação e injustiça por onde transitam.

Essas criaturas equivocadas, constantemente enlaçadas pela mágoa, ressentimento, revolta até, acabam por transformar amizades sinceras, despretensiosas, em malquerenças, retardando seu encontro com a doce fraternidade.

Confusas que estão, são capazes de converter palavras a elas dirigidas, destituídas de qualquer maldade, em dardos afiados a lhes ferirem as entranhas da alma orgulhosa, escrava do melindre.

Transfiguram atitudes, gestos, olhares naturais a elas endereçados, em manifestações de desrespeito às suas pessoas, envolvidas que estão pelo orgulho pretensioso e enganador.

Esses seres humanos têm a capacidade de transformar boatos, fuxicos, em verdades absolutas, assim como, informações irresponsáveis, superficiais, falsas até, em fatos irrefutáveis, só porque lhes atingiram a intimidade carregada de melindre.

São capazes de enxergar prepotência e vaidade em pessoas espontâneas, despretensiosas, tão somente porque essas criaturas exteriorizam aptidões ou qualidades que eles não possuem, fazendo-os sentirem-se feridos em seus brios ilusórios, prisioneiros que estão do orgulho persistente que lhes acompanha os passos.

Assim agindo, esses seres humanos, aos poucos, vão se tornando cativos da solidão, antessala da tristeza que, por certo, haverão de vivenciar nos seus amanhãs.

Todavia, se esses irmãos de jornada abrirem as portas dos seus corações e convidarem o Mártir da Cruz para neles adentrar, haverão de, gradativamente, eliminar o "Daltonismo Espiritual" que até então lhes fazia companhia, visualizando a vida através de novos e coloridos ângulos, distanciando-se do orgulho irreverente que outrora lhes prejudicava a visão, dificultando-lhes a caminhada, retardando-lhes o sublime encontro com Jesus.

Assim agindo, haverão de desfrutar momentos de inigualáveis alegrias, entrevendo as cores vivas da felicidade que, pouco a pouco, seus olhos espirituais passarão a enxergar.

8.

DESCONFIANÇA

Nos nossos dias, impelidos pelos instintos e pelos estímulos da matéria que nos envolve, sem nos darmos conta, vamos, pouco a pouco, colocando em nossos corações a incerteza, fazendo com que a desconfiança passe, gradativamente, a nortear os nossos passos.

O nosso ser, sutilmente, passa a ser envolto pela bruma obscurecida da desatenção, da falta de condescendência e compreensão e, às vezes, até mesmo do desrespeito e desconsideração, externando a desconfiança nítida que fez morada em nossa alma.

Nossos olhos, nossos ouvidos, nossa mente, atentos, vão adquirindo o lastro negregoso que nos torna especialistas em detectar os deslizes, as falhas, os equívocos e, portanto, as fragilidades daqueles que nos dão a caridade da sua companhia para, deles, nos valermos em benefício próprio.

Assim agindo, vamos fazendo com que nossas palavras, gestos, atitudes e mesmo nosso silêncio, sejam cobertos pelo tênue verniz da superficialidade, excluindo o tesouro da sinceridade, simplesmente para nos precavermos de eventuais riscos futuros que, por vezes, enquistamos em nossas mentes, como se fossem escudos a nos proteger de inimigos que somente nossa alma, desconfiada, supõe existir.

Olvidamo-nos, porém, de que, ao desconfiarmos, o maior equívoco está em nós mesmos, pois, egoisticamente, somente levamos em conta o que pensamos, o que deduzimos, sem nos atermos a que o nosso interlocutor também é um ser humano, possuidor de riquezas que não estamos sabendo avaliar e que, consequentemente, nos fariam crescer.

Assim sendo, nossos olhos perdem a candura, nossas palavras, a sinceridade, nossos ouvidos a paciência e, como consequência, todo o nosso ser vai se tornando impermeável às belezas do mundo, enregelando-se interiormente.

Nosso coração passa a exteriorizar o amor, somente para aqueles que amamos, para aqueles que compactuam com os nossos interesses, aptidões e pensamentos, negando aos demais, o doce perfume da fraternidade.

Por isto, aproveitemos todos os momentos que a vida, generosamente, nos concede, para fazer da sinceridade a nossa bandeira, externando-a com coragem, a todos aqueles que o Pai da Vida faz cruzar os nossos caminhos.

Entretanto se, em alguns momentos da nossa jornada, alguns corações não compreenderem a pureza das nossas palavras, atitudes e pensamentos, não nos decepcionemos, não nos entristeçamos, tendo sempre em mente que cada um oferece o que tem e nós, amorosamente, fizemos a nossa parte, ofertando ao próximo o tesouro da sinceridade, sem exigir ou mesmo esperar que façam o mesmo para conosco.

Para que nos sintamos cada vez mais motivados a assim agir, torna-se necessário que tenhamos bem nítido em nossa mente o testemunho legado há mais de dois mil anos pelo Divino Amigo, quando, mesmo martirizado no madeiro infamante, pôs em evidência para toda a humanidade a doçura e a sinceridade do Seu amor, que se encontram latentes em nossos corações.

9.
DESPERTANDO

Transitando pelas veredas da vida, se bem atentarmos, iremos reconhecer inumeráveis criaturas que, a passos nervosos, jornadeiam conosco neste planeta de provas e expiações, denunciando, por intermédio das palavras, atitudes e ações, os seus desejos insaciáveis pelo prazer, pela moeda e pela glória que suas almas transportam, há longos evos, durante o percurso bendito das sucessivas encarnações.

Seus olhos ansiosos, seus ouvidos impacientes, suas mãos agitadas, procuram, sem cessar, os tesouros do mundo, na vã esperança de poderem deleitar-se com suas fugazes e coloridas cintilações, transformando os seus sonhos na mais feliz das realidades.

Dirigindo seus olhares para frente, sem nunca encaminhá-los para os lados e, muito menos para trás, enfeitiçadas pelo querer incontrolável, insensível aos apelos do coração, como se não tivessem um só instante a perder, nada enxergam, nada escutam, nada sentem, a não ser o que avidamente desejam.

Assim, deixam-se conduzir pelos instintos inconsequentes, delatando o egoísmo pertinaz que as enregela e empobrece, distanciando-as da paz, retardando o divino encontro com Jesus.

Porém, os ponteiros do relógio da vida, incansáveis, continuam a girar, mostrando as horas passarem, denunciando o tempo, implacavelmente, transcorrer.

Um dia, entretanto, estes mesmos seres humanos principiam a notar que seus olhos já não possuem o brilho de outrora, não conseguindo mais vislumbrar os horizontes com a mesma nitidez; que os seus ouvidos não mais detectam os sons cativantes do mundo que, antes, os deliciavam; que os seus braços e suas mãos, não demonstram mais a mesma energia e agilidade dos tempos passados; que os seus cabelos, foram cobertos pela neve dos anos, e que todo o seu ser, não mais espelha o viço da juventude.

É a vida, impondo as suas regras, intentando fazê-los refletir sobre o passado e projetarem o futuro, ensejando-lhes preciosa oportunidade para corrigirem os seus passos, alterando as suas rotas.

Apesar de reconhecerem que não são mais os mesmos, permanecem pelejando em busca dos antigos sonhos que, teimosamente, continuam a acalentar.

A marcha das horas prossegue, impassível, o seu trajeto e eis que, tempos depois, desiludidos com suas próprias quimeras, exauridos, assentam-se à beira da estrada em que há tantos anos trafegam, pondo-se finalmente a meditar.

Estes seres humanos, ao olharem, pela primeira vez para os lados e para trás, passam a enxergar com os olhos da alma, criaturas amoráveis que, humildemente, sem se fazerem notar, de há muito os acompanham, ajudando-os a tentarem alcançar os objetivos a que se propuseram.

Essas doces criaturas, interagindo com o mais sincero e despretensioso sentimento, cheias de coragem e abnegação, renunciaram a si mesmas, tendo como único objetivo o de poderem desfrutar a companhia daqueles a quem tanto amam e, quiçá, um dia, sentirem-se, por eles, reconhecidas e amadas, também.

10.

DIGNO LABOR

A você, alma querida, que busca na lida constante, conquistar o pão abençoado de cada dia, humildemente endereço algumas poucas considerações que, espero, possam envolver o seu coração em suaves melodias de compreensão e amor.

Após um dia de trabalho repleto de responsabilidades, eis que nos destinamos ao refúgio bendito do lar que tão carinhosamente nos acolhe, a fim de repormos as energias, predispondo-nos à labuta do nosso próximo amanhã.

Corpo e mente cansados do digno labor, muitas vezes de semblante fechado e impositivo, de gestos impacientes, de raras e insensíveis palavras, adentramos o lar bendito que nos reconforta, tal como a brisa suave a nos acariciar.

Envoltos em nós mesmos, vivenciando dificuldades solucionadas e outras ainda por resolver, não nos apercebemos que olhos cândidos, ouvidos pacientes, palavras cheias de mel e braços afetuosos nos aguardam com ansiedade, para, conosco, desfrutarem momentos sublimados de carinho, compreensão, sinceridade e amor.

Alquebrados pela jornada estafante, tornamo-nos insensíveis ao aroma perfumado que corações queridos, desinteressadamente, para nós emanam, dia após dia, paciente e amorosamente, com o mais natural desprendimento.

Supondo-nos possuidores de muito saber, de valores tantos, não nos dignamos a dialogar com estes seres amoráveis, pois, subestimamos seus conhecimentos, colocando-nos, vaidosamente, em degraus mais elevados, e como consequência desprezamos inúmeras oportunidades de desfrutar fluidos balsamizantes, impregnados da força mágica do amor, a nós enviados por aqueles corações queridos.

Com o passar do tempo, assim interagindo, vamos, pouco a pouco, carreando a essas doces criaturas o desalento, a solidão, a tristeza, enredando-as nas obscuras teias do desencanto.

Pelas experiências vividas no trabalho profissional, talvez tenhamos, pela prática do pensar e agir, mais rapidez na tomada das decisões, mas, não tenhamos dúvidas de que não podemos prescindir em instante algum dos eflúvios amorosos exalados por almas que conosco se propuseram a caminhar, lado a lado, passo a passo, independentemente das pedras ou das flores que encontremos estrada afora.

O que seria da rosa, se não houvesse o caule que a sustenta e os espinhos que a protegem?

O que seria do fruto, sem a fortaleza dos galhos que o mantém e da seiva generosa que o nutre?

O que seria do homem, sem o dulçor dos corações que o amam com toda a sinceridade?

Portanto, alma querida, todas as vezes que se aconchegar no lar, verdadeiro ninho de amor, tenha sempre o semblante descontraído, os ouvidos pacientes, o sorriso sincero, as palavras cheias de mel, os braços repletos de carinho e o coração pleno de amor.

Desta forma, você encontrará o refazimento necessário e a felicidade tão esperada e, por consequência, irá fazer com que as almas ao seu redor venham desfrutar a harmonia e a paz e, todos, abraçados espiritualmente, elevarão um hino íntimo em louvor ao Mestre do Amor que, em épocas idas, pisou o solo desta Terra generosa que em seu dúlcido regaço nos acolhe.

11.
DISCIPLINA E ORGANIZAÇÃO

Durante o nosso vivenciar, sentimos, muitas vezes, a necessidade de usufruir momentos de reflexão para analisarmos e, consequentemente, ajustarmos nossa conduta, dando a nós mesmos a gratificante oportunidade de eliminar os nossos equívocos e substituí-los pelos nossos acertos.

A disciplina e a organização, pelo papel importante que desempenham em nossas vidas, deverão sempre estar presentes no nosso dia a dia, auxiliando a nossa caminhada e a daqueles irmãos que nos fazem companhia.

A disciplina, inimiga da indolência, nos faz aprimorar a conduta, criando parâmetros, norteando os nossos passos.

A organização, por sua vez, nos incita a fazer sempre o melhor, não só para nós, mas, também, sem que às vezes nos apercebamos, para aqueles companheiros que de alguma forma possam desfrutá-la.

Nos dias de hoje, envolvidos pela matéria densa que inebria os nossos sentidos, sem a disciplina e a organização em nossa conduta, vamos prejudicando nosso caminhar e, gradativamente, vamos nos sentindo perdidos num mar de incertezas e de indecisões.

Perdemos o foco de nossas vidas, não conseguimos estabelecer objetivos coerentes e, como consequência, ficamos à deriva, à mercê do mar revolto das fugazes ilusões que fatalmente nos conduzirão ao encontro dos arrecifes, destruindo os nossos sonhos, deixando-nos abraçar pelas mais tristes decepções.

Sem rumo, seremos mais uma embarcação ao sabor dos ventos, à procura de um porto seguro, porém, sem saber onde e como encontrá-lo.

Não conseguimos detectar os problemas que dificultam o nosso caminhar, nem mesmo os vislumbramos, e, consequentemente, sentimo-nos impossibilitados de combatê-los e eliminá-los das nossas experiências terrenas.

Queremos obter, mas pouco fazemos para conquistar.

Exigimos do próximo, mas pouco nos empenhamos para compreender seus limites.

Falamos, mas, nem sempre exemplificamos.

Julgamos orientar, mas muitas vezes criticamos, magoamos.

Pautamos pelo esquecimento e pela ingratidão, porém exigimos lembranças e consideração.

Queremos o reconhecimento das nossas vitórias, mas nem sempre damos o devido valor às conquistas alheias.

Queremos comiseração para com os nossos erros e, por vezes, não toleramos os equívocos daqueles que cruzam os nossos caminhos.

Queremos o perdão, mas, na maioria das vezes, não sabemos ofertá-lo.

Somos doutores para justificar nossos erros, entretanto, alunos relapsos para tolerar os deslizes dos nossos companheiros de existência.

Queremos amor, todavia, em grande parte das vezes, ainda não aprendemos a oferecê-lo.

Somos complacentes para com as nossas falhas, mas extremamente rigorosos para com as do nosso próximo.

Paremos alguns instantes, disciplinemo-nos, organizemo-nos espiritualmente.

Meditemos sobre as nossas virtudes e defeitos com sinceridade e justiça para que, no amanhã que sutilmente se aproxima, nos transformemos em almas evoluídas a caminho da luz.

Analisemos o nosso viver e não julguemos o daqueles que conosco comungam esta jornada planetária.

Aprofundemo-nos no conhecimento dos nossos erros para que possamos detectá-los, extirpando-os definitivamente das nossas almas.

Esqueçamo-nos, conscientemente, de nós próprios e procuremos enxergar um pouco mais as necessidades dos companheiros que nos cercam e que conosco vivenciam as maravilhosas experiências terrenas.

Eliminemos os resquícios de vaidade e egoísmo que ainda existam em nosso coração, substituindo-os pela humildade, que dará brilho e luz à nossa alma.

Procuremos visualizar no ser humano os seus pontos nobres, valorizando-os, para que possam se conscientizar das suas virtudes e, ao mesmo tempo, sentirem-se motivados e incrementá-las, tornando a cada dia, mais perfumado o seu caminhar.

Façamos como o Cristo Jesus fez há mais de dois mil anos, quando, ao esquecer-se de Si próprio, lembrou-se de todos nós e, por Sua nobre e caridosa atitude, Sua lembrança permanece, indelevelmente, gravada em nossos corações.

12. DISTRIBUIR

Há mais de vinte séculos, quando Jesus militava entre os apóstolos e falava à multidão que o seguia, num determinado momento desta sua peregrinação, repartiu generosamente o pão a todos aqueles que avidamente o escutavam, fazendo com que pudessem aliviar e, para alguns, saciar a fome que os afligia.

No transcorrer das nossas vidas, tomamos consciência de que o desamor grassa em grande parte dos irmãos que jornadeiam conosco neste planeta de provas e expiações.

Entretanto, alguns poucos existem que já conquistaram, ao longo das inúmeras reencarnações vividas, o doce perfume do amor a balsamizar suas almas.

Face ao atual estágio da maioria dos seres humanos, com os quais compartilhamos experiências várias, estes corações mais amorosos veem-se, muitas vezes martirizados, injustiçados, vilipendiados em seus direitos, pelos seres humanos que os cercam, pois estes, desprovidos de maior sensibilidade, não se apercebem que essas doces almas, vieram ao mundo para dar, para apaziguar, consolar, ajudar e amar aqueles que ainda não tiveram a felicidade de sentir a presença do Cristo Jesus em seus corações.

Se você, irmão, já faz parte dessa plêiade de almas benditas, que o Mestre do Amor o fortaleça, o estimule a continuar a amorável missão a que se propôs, no sentido de dar sem nada requerer em troca.

Porém, se você companheiro, vem se esforçando para adentrar esta falange valorosa de emissários do Sublime Peregrino, não desanime, não faça do seu coração a morada do pessimismo e envide todos os esforços para se abeberar dos cândidos ensinamentos de Jesus, para que você possa, em seguida, mitigar a sede de amor daqueles que se encontram distantes das sendas da harmonia e da esperança.

Como o Cristo generosamente distribuiu o pão àqueles que tinham fome, quando você algo distribuir a quem quer que seja, lembre-se, de que cada gota de amor emanada do seu coração, Jesus a recolocará, locupletando-o com Suas bênçãos divinas.

Portanto, todas as vezes, caro irmão, que algo estiver distribuindo a alguém, procure sentir a felicidade penetrando em sua alma, porque nesses instantes estará interagindo como mensageiro do Cristo Jesus e ao desfrutar a profunda alegria do dar sem nada esperar receber, você sentirá Sua terna presença no imo da sua alma, acompanhando os seus passos, dulcificando o seu porvir!

13.
DITAMES DA VIDA

O esforço próprio de cada um, fatalmente, nos conduzirá ao encontro dos sonhos factíveis, de há muito almejados.

A responsabilidade, o empenho e a força de vontade, se transformam em degraus de íngreme escadaria, que nos permitirão chegar a patamares que, sem eles, seriam por nós impossíveis de alcançar.

A compreensão para com os ditames da vida nos farão, mais rapidamente, visualizar o lago manso da harmonia e da paz, fazendo com que o nosso coração derrame o néctar da bondade nos corações ainda ressequidos, estiletados pelas dores do mundo.

A incompreensão, por sua vez, para com as leis da vida, sutilmente vai desenvolvendo em nós o pessimismo, chaga que exala o odor acre do desânimo, fazendo-nos enxergar a vida totalmente destituída de beleza e de alegria, dando livre acesso para que o desencanto se instale nas profundezas da nossa alma, obscurecendo os nossos dias, o nosso viver.

A vida nos mostra a todo instante seus valores, cabendo a nós próprios percebê-los, analisá-los e a eles, conscientemente, nos adaptarmos, desfrutando toda e qualquer experiência como sendo lição oportuna, absorvendo, de cada momento vivido o mel do verdadeiro saber, o que nos proporcionará uma existência serena e, por consequência, feliz.

Não devemos, por outro lado, nos deixar influenciar pelas situações difíceis que, por vezes, vêm ao nosso encontro, sorvendo-as com avidez pelas vias do pessimismo contumaz, como que nos comprazendo com a desdita e nela permanecendo, carreando, para o imo da nossa alma, as cores negregosas da tristeza.

Desta forma, sem que tomemos consciência, pouco a pouco, vamos levando a todos aqueles que ao nosso lado compartilham esta jornada terrena, os mesmos desencantos de que, teimosamente, não conseguimos nos desvencilhar.

Comprometemos os seus amanhãs, transformando-nos em tutores dos seus sofrimentos, dificultando ainda mais os nossos passos na árdua caminhada que estamos empreendendo rumo aos ternos braços de Jesus.

Procuremos, pois, enfrentar, quais sejam as dificuldades, com galhardia, com destemor, trazendo nos olhos a esperança, nas palavras o otimismo sensato, nas mãos o trabalho enobrecedor e no coração a chama do amor.

Deixemos para trás as águas turvas das tristezas, por nós geralmente mal compreendidas e assimiladas, e mergulhemos no mar de águas cristalinas, farto das pérolas da resignação consciente, que banhará nossa alma, fazendo com que, no amanhã, por onde passarmos, deixemos um rastro profundo de fraternidade, de compreensão e de amor, tal qual o Homem Luz, há mais de dois mil anos, sábia e generosamente nos legou!

14.

DOCE PERFUME...

Era mais uma manhã como outra qualquer, quando um ser humano apressado como sempre, dirigia-se ao encontro dos seus afazeres.

Absorto em seus íntimos pensamentos, percorria célere, os metros da calçada por onde caminhava, sem deles se aperceber, tais as preocupações que lhe ocupavam a mente.

Seus olhos, distraídos quanto às cenas que se desenrolavam ao seu redor, nada percebiam, como se estivessem visualizando, tão somente, os horizontes que pretendia alcançar.

Em dado momento, porém, uma voz lamuriosa, mais parecendo um sussurro, penetrara em seus ouvidos, arrebatando-lhe os pensamentos.

Tratava-se de um mendigo, coberto de andrajos que, suplicante, estendera-lhe as mãos, na esperança de receber a moeda que lhe amenizaria as agruras.

Naquele instante, inexplicavelmente, um inebriante perfume como que o envolvera, fazendo-o sentir-se impelido a atender aquela amargurada súplica. Porém, apressado, contrariando aquele inesperado e fraterno desejo, nada fizera, acelerando os passos rumo aos seus interesses, quando então aquele doce perfume, que há pouco houvera desfrutado, se desvanecera.

Mais adiante avistou um outro homem, quase desfalecido, estirado na calçada, cujo corpo desnutrido, faces pálidas e olhos tristes, sofridos, delatavam a miséria suprema que o abraçava, provocando compaixão em quem por ali transitava.

Naquele momento, a mesma suave e indefinível fragrância outra vez se fizera presente, fazendo-o sentir-se estimulado a tomar uma atitude, auxiliando aquela infeliz criatura, aliviando-lhe a desventura.

Todavia, ainda apressado, uma vez mais, desvencilhou-se daquele nobre e caridoso desejo, instigando os passos em direção aos seus objetivos, quando então, aquele perfume envolvente e inesquecível novamente se dissipara.

Quando já se encontrava bem próximo do seu destino, eis que uma criança, há poucos passos, distraída e empolgada, pôs-se a atravessar a rua, atrás de uma bola, correndo iminente perigo, pois um veículo, em irresponsável velocidade, vinha em sua direção.

Instantaneamente, sentiu aquele mesmo perfume, desta feita avassalador, impelindo-o a interceder, sem demora, em favor daquela criaturinha.

Numa fração de segundo, movido por uma coragem e piedade nunca dantes sentidas, correu em direção àquela criança, amparando-a em seus braços, salvando-lhe a vida.

De imediato, uma paz indizível dele se apossara fazendo-o desfrutar momentos de inolvidável ventura.

Asserenado, teve então a certeza de que aquela suave fragrância, que instantes atrás o envolvera, nada mais era do que o perfume de Jesus, assinalando Sua presença, estimulando-o a fazer pelos outros o que o Mártir do Calvário faria, se estivesse em seu lugar.

A partir de então, assim passou a agir e aquele doce perfume nunca mais o abandonou, fazendo-se presente em todos os momentos importantes de sua vida, acompanhando-lhe os passos, pelo resto dos seus dias.

15. DUAS POMADAS

A cada momento, as criaturas humanas são visitadas pelas mais diversas ocorrências que a vida, incondicionalmente, lhes impõe sob a forma de experiências, impelindo-as a observá-las e a vivenciá-las de acordo com o grau educacional, cultural e religioso que possuem.

Se estiverem distanciadas dos ensinamentos do Cristo Jesus, haverão de avaliar cada um desses acontecimentos de forma tendenciosa, denunciando o egoísmo que teimosamente ainda lhes faz companhia, impermeabilizando os seus corações ao doce apelo da fraternidade, enregelando as suas almas, ainda prisioneiras do instinto que encegueece seus olhos, cerra seus ouvidos, emudece suas vozes, paralisa seus membros, insensibilizando os seus corações às dores alheias.

Essas criaturas, entontecidas pelos clamores da matéria, extasiadas pelas suas inumeráveis cores e fulgurações, seduzidas pelos seus enganosos chamamentos, deixam-se iludir, crentes de poderem encontrar, neste mundo de provas e expiações, a tão decantada felicidade.

Inclemente, o tempo haverá de passar e um dia, decepcionadas, constatarão que...

Os seus olhos já não possuem o mesmo brilho de outrora;

Os seus ouvidos já não conseguem distinguir os sons como antes;

As suas palavras já não demonstram o mesmo vigor do passado;

As suas mãos carecem da agilidade dos tempos idos;

As suas pernas locomovem-se com incontestável dificuldade;

A neve do tempo embranqueceu-lhes os cabelos.

Assim, seus corpos, fatigados, render-se-ão ao peso dos anos, delatando que a velhice, inapelavelmente, viera-lhes ao encontro e que apesar de terem de todas as formas tentado, não conseguiram encontrar a tal felicidade, ignorando que somente haverão de desfrutá-la quando o Sublime Peregrino do Amor se fizer definitivamente presente em suas almas, orientando-as quanto aos caminhos que ainda haverão de percorrer.

Para estes seres humanos que assim se encontram, atormentados pelas chagas do egoísmo que ao longo das encarnações não lhes dá tréguas, o Pai de infinita bondade, amorosamente, lhes oferece "duas pomadas" que, por si sós, haverão de curar essa enfermidade persistente e cruel que lhes dificulta os passos, retardando-lhes a redenção.

A primeira delas é composta pelo "trabalho e pelo suor" nas sendas do bem.

A segunda é composta pelas "lágrimas e pela dor".

A escolha é nossa!

16.
EM DETALHE

No nosso vivenciar neste planeta azul que, amorosamente nos acolhe, devemos nos ater a diversos momentos, que, se bem analisados, nos servirão, no amanhã, de bússola a nortear os nossos passos.

Não devemos passar a vida simplesmente analisando de forma superficial as suas belezas, os seus caminhos e descaminhos.

Muitas vezes, temos de controlar as nossas emoções e o nosso instinto, analisando, com maior riqueza de detalhes, as diversas experiências que se fazem presentes em nossas vidas.

Se, por exemplo, descansarmos o nosso olhar sobre um roseiral, constataremos de imediato a beleza das suas cores, o perfume das suas rosas e o seu doce balouçar quando acarinhadas por suave brisa.

Porém, se tomarmos em nossas mãos uma única flor, perceberemos os diversos matizes de suas cores, a perfeição e o aveludado das suas pétalas, o orvalho que conservaram, os espinhos incrustados no seu caule; enfim, passaremos a conhecer a flor em detalhe e, consequentemente, usufruiremos suas tantas belezas que a superficialidade da análise não nos permitiria.

Devemos, portanto, refletir em detalhes sobre o nosso viver, com firmeza de propósito, para que possamos auferir, de cada instante, um aprendizado e conquistarmos, para o acervo das nossas vidas, novas e importantes experiências.

A dor, nossa fiel companheira, também deve ser por nós profundamente analisada e tudo deveremos fazer para que, ao passar por nós, deixe-nos rastros de aprendizado e de conhecimento e não de pessimismo e revolta.

Para que a dor não se transforme em tristeza e para que as alegrias não sejam efêmeras, empenhemo-nos para colher destes momentos oportunidades maravilhosas no sentido do aprendizado e do conhecimento, não nos olvidando de que colheremos o que semearmos e de que o Pai da Vida, na Sua infinita justiça, dá a cada um de nós a parte exata que merecemos!

17.
INCONSTÂNCIA

No cotidiano das nossas vidas, nem sempre conseguimos perceber o quanto somos inconstantes no nosso falar, no nosso proceder e, fundamentalmente, no nosso pensar.

Nossos olhos, em algumas oportunidades, são capazes de emanar ternura, piedade, amor, e, em outras tantas, agressividade, desdém, ódio...

Nossos lábios são capazes de proferir doces palavras de incentivo, de elogio,evidenciando o nosso compreender, e, vezes outras, de pessimismo, repletas de críticas, exalando o odor ácido produzido pela ausência do aroma perfumado de que se reveste a fraternidade.

Somos capazes de escutar com paciente atenção, palavras de diversos conteúdos, porém, em outras oportunidades, nossos ouvidos cerram-se, insensíveis aos sons a eles endereçados.

Nossos braços são capazes de exteriorizar carinho, saudade, reconhecimento, consolo, amizade e, em outros momentos, deixar extravasar abraços desprovidos destes tesouros, porém refertos de insensibilidade e frieza.

Nossas mãos são capazes de acarinhar, proteger, acalmar, como também, em ocasiões outras, de agredir, omitir, provocar.

Somos capazes de realizar atos de fraternal heroísmo e, por vezes, de apatia e acovardamento.

Somos capazes de conquistar vitórias brilhantes, pautadas pela inquebrantável força de vontade e, em outras tantas ocasiões, de derrotas decepcionantes, alicerçadas no desânimo e na indolência.

Somos capazes de dirigir os nossos passos em direção daqueles que se encontram amplexados pela dor, e instantes outros, afastarmo-nos, carregando conosco o lastro da ingratidão.

Somos capazes de mitigar a sede e a fome daqueles que se encontram à deriva na vida, como também, em outras horas, permanecermos omissos, envolvidos pelo torpor do egoísmo.

Somos capazes de ir em direção daqueles que se encontram enregelados pela solidão física e espiritual e, a seguir, olvidá-los na sarjeta do mundo, esperando que a morte os enlace.

Irmão querido, procure analisar em detalhes estas modestas considerações e esforce-se para sentir a necessidade que temos de inserir, no âmago da nossa alma, a joia que denominamos de equilíbrio.

Para que possamos conquistá-la e dela desfrutarmos, basta, tão somente, vivermos o dia a dia das nossas existências como se estivéssemos caminhando, lado a lado, com Jesus!

18.
INCONTESTÁVEL LEGADO

Na curiosidade típica do ser humano, às vezes, nos colocamos a inquirir, meditar, qual teria sido a cor dos olhos de Jesus, o tipo e o tom dos Seus cabelos, o formato dos Seus lábios, a contextura da Sua epiderme, a Sua compleição física, o Seu gesticular, o Seu próprio caminhar...

Encontramos incontáveis livros, manuscritos, compêndios, abordando estes temas e, se os analisarmos todos, não chegaremos a uma conclusão exata e definitiva sobre estas características humanas do Cristo Jesus, porque cada um daqueles que sobre Ele escreveu enxergou-O através da particularidade do seu analisar e, fundamentalmente, do seu sentir.

Entretanto, se ainda hoje permanecem algumas controvérsias a respeito destes temas, subsiste, por outro lado, a realidade incontestável de que o Divino Amigo nos legou, de forma dúlcida, clara e insofismável, um verdadeiro tratado sobre o amor, em suas mais diversas nuanças e sublime complexidade.

Todos estes escritos, inexoravelmente, convergem para um ponto em comum, qual seja, o de enaltecer a excelsitude dos ensinamentos do Amantíssimo Peregrino do Amor. Exaltam, claramente, a candura do Seu olhar, o paciente escutar dos Seus ouvidos, o néctar inebriante das Suas palavras, os caminhos perfumados da Sua incomensurável bondade, os eflúvios balsamizantes da Sua caridade.

Tudo isto compõe suave melodia, cujas notas de harmonia e de paz, que evolavam da Sua alma excelsa, estimulavam a todos aqueles que desfrutavam a Sua presença, à verdadeira caminhada em direção ao Pai da Vida.

Hoje, os seres humanos mais conscientes das suas responsabilidades para com o Espírito não mais atentam para as particularidades físicas de Jesus e, sim, ao tesouro dos Seus ensinamentos para que estes possam conduzir os seus passos, fazendo-os enveredar por caminhos perfumosos, cujo chão seja forrado pelas pétalas do conhecimento, da compreensão, da modéstia, da caridade, formando um mosaico aveludado, representando e externando ao mundo o verdadeiro sentido do amor universal.

Por isto, a você, irmão querido, que nos oferece amorosa atenção, pedimos: faça do seu viver um hino enaltecendo o amor, testemunhando os ensinamentos do Divino Amigo, por intermédio das suas obras, construindo seu feliz porvir, alicerçado nas verdades incontestáveis que Ele, amorosamente, nos deixou como herança bendita, durante Sua peregrinação por este planeta azul, que ora, nos presenteia com generosa acolhida.

19.
JUSTA DOAÇÃO

Todos nós, sem exceção, trazemos, nas profundezas da nossa alma, tesouros maravilhosos que se encontram envoltos pela matéria densa que nos serve de veículo nesta caminhada terrena.

Com o passar do tempo, a somatória das experiências vividas vai nos impactando, evidenciando-nos valores diversos, coloridos diferentes, fazendo-nos deixar de sonhar e, efetivamente, vivenciar a profícua realidade das nossas existências.

Pouco a pouco, a vida vai nos impondo suas regras e, gradativamente, vamos sentindo seus reflexos no corpo e na alma.

Com isto, as riquezas latentes que se achavam escondidas em nossa intimidade tendem, suavemente, a emergir, tornando-se visíveis aos olhos do mundo, exteriorizando-

-se, sutilmente, em forma de amor em favor dos irmãos que se encontram ensombrecidos pelas decepções que a vida lhes impõe.

Alguns não se apercebem de que são possuidores destes tesouros e permanecem, com eles, aprisionados, no recôndito de suas almas por toda a encarnação neste planeta de provas e expiações.

Outros tantos, porém, por meio do estudo, da conversação digna, dos pensamentos ajustados, das atitudes cristãs, das palavras doces, dos ouvidos ternos, do olhar brando e dos braços fraternos, vão externando por meio de cada um desses veículos, o fluido amoroso e perfumado que trazem como conquistas de tantas e tantas existências que vivenciaram em tantos outros corpos carnais.

Assim sendo, quanto mais ofertam, mais estímulo sentem em fazê-lo, levando as almas sofridas a desfrutarem, docemente, as alegrias puras do verdadeiro amor.

E, conduzidos por essa euforia caridosa, imbuídos da vontade de ajudar, colaborar, participar, dividir, acompanhar, deixam-se enredar pelas emoções, fazendo com que as riquezas que possuem sejam doadas, sem antes terem passado pelo crivo da razão e, desta forma, muitas vezes, cometem enganos.

Assim agindo, mesmo que amorosamente, distribuem estes tesouros a corações que ainda não se encontram preparados para recebê-los e deles fazerem o justo e devido uso.

Para uns, damos em demasia; para outros, nada ofertamos, pois enceguecidos pela ansiedade, esquecemo-nos da razão criteriosa, deixando de distribuir equilibradamente estas joias da sabedoria humana.

Busquemos sempre inspiração em Jesus, ofertando-Lhe o nosso coração, pois Ele haverá de nos orientar a entregá-lo a quem dele, de fato, necessitar.

20.
LIBERDADE

Todo ser humano, nesta vivência terrena, tem, como conquista efetiva, a liberdade.

Toda criatura tem o direito de, utilizando o seu livre-arbítrio, dispor de sua vida como bem lhe aprouver.

Tem o direito de alimentar-se bem ou mal, tem o direito de usufruir tranquilidade, com ou sem responsabilidade.

Tem a liberdade de falar, de agir, de ver, de escutar, de participar, de caminhar e de tantas outras coisas que a vida lhe oferece.

A liberdade é uma conquista, é uma riqueza imensurável e maravilhosa que, a grande maioria das pessoas, não se dá conta de que a possui.

Todas as vezes que, por razões várias, nossa liberdade se vê tolhida, sentimos nas profundezas do coração a angústia, a solidão, a desesperança, aprisionando-nos nas teias da desilusão.

Sem dúvida, a liberdade é conquista do ser humano, porém temos de utilizá-la com dignidade e justiça.

Ela só é real e plena, se for exatamente proporcional à liberdade daqueles que, no dia a dia de suas vidas conosco comungam suas experiências.

Nossa liberdade perde o seu valor à medida que esteja, de alguma forma, coibindo a liberdade daqueles que conosco jornadeiam, lado a lado, nesta Terra bendita, que nos serve de palco maravilhoso para nos exercitarmos e crescermos em direção a Jesus.

Todos nós temos o direito de fazer das nossas vidas o que bem quisermos, desde que este direito não fira o de outros irmãos de caminhada; desde que o livre-arbítrio de outrem, não seja maculado pelo nosso desrespeito e irreverência.

Existem irmãos que, desconhecendo os limites da liberdade, os ultrapassam, ferindo, magoando e desarmonizando outros companheiros que também militam nesta Terra redentora.

Seres humanos carentes de sensibilidade e amor tornam-se marginais do caminho, tornando nossas existências ensombrecidas pelo desassossego, pelo medo, fazendo-nos naufragar nas águas turvas das decepções.

Assim acontece nos lares, no ambiente de trabalho, nas ruas...

Por nossa vez, vamos exigindo direitos que a nós mesmos atribuímos, impondo nossas vontades e nossos pensamentos.

Queremos que as pessoas que conosco se relacionam demonstrem o seu amor como, supomos que lhes dedicamos; que nos deem a atenção, tanto quanto supomos que lhes ofertamos; que nos compreendam, tanto quanto supomos que as compreendemos; que nos perdoem como supomos que as perdoamos.

Assim agindo, esse nosso querer exorbita e fazemos com que mesmo esses corações que amamos, pouco a pouco, percam a sua liberdade e o seu precioso livre-arbítrio.

Compreensivamente devemos deixar cada ser humano caminhar com as suas próprias forças, usufruindo as conquistas que efetuou ao longo de suas diversas experiências, porém, sem esquecermo-nos de auxiliá-lo sempre que se fizer necessário.

Quando, por nossa vez, nos apercebermos de que irmãos de jornada iniciam a ultrapassagem da sua justa liberdade, devemos bondosamente alertá-los para que venham a refletir sobre os seus posicionamentos, sem criticá-los, magoá-los ou feri-los.

Desta forma estaremos contribuindo para que as suas mentes sejam aclaradas e a paz comece a reinar.

A liberdade é pedra preciosa que se acha incrustada no âmago de nossa alma e, somente poderá luzir quando for utilizada da mesma forma que o Cristo Jesus o fez: justa e amorosamente.

21.
MELINDRE

Todos nós, filhos do Amantíssimo Pai, somos, por assim dizer, verdadeiras pedras preciosas, necessitando ser trabalhadas pela vida para que possam fazer emergir dos seus interiores, o brilho fulgurante do amor.

Encarnamos com a finalidade precípua de burilarmos a nossa alma, extirpando de nós as desvirtudes que impedem o seu resplendor, lapidando o amor, dando-lhe um sem número de faces para que possa irradiar seus raios luminescentes em todas as direções.

Neste caminhar incessante, por vezes, nos encontramos face a face com obstáculos que nos impedem de avançar.

Embaçam nossos olhos, prejudicam a nossa audição, emudecem a nossa voz, aprisionam os nossos braços, algemam as nossas mãos, entorpecem o nosso coração.

É o melindre que, sutilmente, amplexa a nossa alma, tornando-a cativa do orgulho e da incompreensão.

Como densa névoa, impede-nos de visualizar os nossos defeitos, analisá-los e corrigi-los.

Desta forma agindo, retardamos os nossos passos, adiando o nosso doce encontro com Jesus.

Esgueirando-se, traiçoeiramente, por entre as nossas desvirtudes, o melindre penetra em nossos ouvidos, qual réptil venenoso a instilar a mágoa e a inimizade, transformando palavras destituídas de maldade a nós endereçadas em dardos penetrantes a nos ferirem, quando na realidade o interlocutor não teve tal intenção.

Continuando sua trajetória, sutilmente, turva a nossa visão, transformando os olhares, os gestos, as atitudes naturais daqueles que nos ofertam a gentileza da companhia em desrespeito desarrazoado à nossa pessoa, empanzinados que estamos pelo orgulho pertinaz.

Seguindo com sagacidade o seu roteiro, o melindre desarmoniza o nosso sentir, transformando a ausência das pessoas queridas, por razões plenamente justificáveis, em atitudes de desconsideração para conosco, refertos que estamos da vaidade pretensiosa e falaz.

Instilando incompreensão por onde passa, o melindre envenena a nossa alma, descolorindo a nossa vida, envolvendo-nos com o aroma desagradável da solidão por nós mesmos provocada, acinzentando os nossos dias, trazendo pessimismo ao nosso porvir, desencanto ao nosso coração.

Para que do melindre possamos nos libertar, basta tão somente sentirmos a presença do Divino Peregrino do Amor ao nosso lado, fazendo-nos compreender que o ser humano só poderá nos ofertar os bens de que é realmente possuidor, poupando-nos de esperar, inutilmente, que nos presenteiem com joias que ainda não conquistaram.

22. MEU NOME É CARIDADE

A todos abraço, a todos sinto.

Levo aos corações dos pobres e dos ricos a felicidade que tenho dentro de mim.

Não distingo o negro do branco, do amarelo e do vermelho.

Sou a caridade que caminha em todos os sentidos, por todos os quadrantes, levando a todos aqueles que necessitam, a presença de Jesus.

Levo comigo a felicidade para dar, entregar, oferecer.

Muitas vezes, eu me pergunto: "o que mais deveria fazer?". E eu mesma respondo: "basta ser".

Não tenho tempo para mim mesma.

A minha voz emana para todos os cantos buscando a todos aqueles, seja qual for o recanto, que se encontram entristecidos e à espera do amor.

Para mim não existe distância, não existe frio, não existe calor, não existe sol e nem chuva.

Não existe tempo, nem espaço, porque em todos os locais me encontro presente, abraçando, compreendendo, ajudando, perdoando, amando a todos aqueles que se encontram carentes.

Sento-me à mesa do pobre e do rico.

Emano luz, porque dentro de mim eu sinto Jesus.

Meu nome é Caridade, meu sobrenome, Felicidade!

23.
MISSÃO CUMPRIDA

Ao caminharmos pelas estradas da vida, desatentos para com as dificuldades dos seres humanos que nos presenteiam com o privilégio do convívio e da amizade, tendo o nosso pensamento focado, tão somente, nos objetivos que, para nós visamos alcançar, acabamos por desperdiçar momentos preciosos que poderiam ter sido aproveitados para o doce exercício da fraternidade.

Indiferentes, não dando a caridosa atenção a estas criaturas, por vezes entristecidas e desalentadas, deixamo-las sós, à mercê das suas limitações e desesperanças, quando mais necessitavam da paciência dos nossos ouvidos, do consciencioso aconselhamento das nossas palavras e do aconchego do nosso coração.

Desinteressados para com os problemas que as afligem, esquecidos que estamos dos sábios e amorosos ensinamentos de Jesus, deixamos de colocá-los em prática e, assim, egoisticamente agindo, sem nos darmos conta, vamos traçando os contornos das estradas íngremes e pedregosas que os nossos pés, no amanhã, haverão de trilhar.

Entretanto, o Pai de infinita misericórdia nos proporcionará inúmeras outras oportunidades para que venhamos a corrigir os nossos deslizes em relação ao próximo, incentivando-nos a valorizar as joias do convívio e da amizade, reconduzindo-nos ao Seu terno regaço.

Todavia, se mesmo assim não dermos ouvidos aos singelos apelos da fraternidade, permanecendo insensíveis para com as necessidades alheias, a dor, por certo, virá ao nosso encalço com o único propósito de nos estimular a refletir, fazendo com que venha a emergir, do âmago de nossa alma, este sublime sentimento que há tempos estava por nós esquecido.

É claro que repudiaremos a sua desagradável presença, pois a sua companhia, sem dúvida, nos trará incômodos e dissabores. Haveremos de acusá-la de injusta e cruel, tudo fazendo para expulsá-la para bem longe de nós.

Porém, distraídos, não percebemos que fomos nós mesmos que a atraímos, conduzindo-a pelas mãos frias do nosso personalismo e desamor e, ela, a dor, obediente e prestativa, atendera ao chamamento silencioso da nossa alma, carente de Jesus, vindo ao nosso encontro.

Perseverante e responsável, permanecerá ao nosso lado, incitando-nos à reflexão e à libertadora reparação das faltas que cometêramos para com os nossos irmãos de jornada que, como nós, transitam pelas calçadas do mundo, em busca da vã felicidade.

Convicta do seu nobre propósito, sua estada ao nosso lado, dependerá em grande parte de nós mesmos e tão logo ela, a dor, tiver a certeza de haver alcançado o seu objetivo, qual seja, o de nos ter reconduzido às veredas do amor, de nós se despedirá, dizendo-nos um feliz adeus, deixando, para sempre, gravada em nossa alma a sua fraternal mensagem: “Missão Cumprida”.

24.
PÁGINAS DE LUZ

Era mais um tépido final de tarde, como tantos outros, acariciado por sua brisa, colorido pelos raios alaranjados do astro-rei que se esforçavam para manter as derradeiras claridades do dia, embelezando o horizonte distante, dando novas esperanças às criaturas que por ali, na Terra Santa, transitavam.

Grande número de seres humanos, curiosos e ávidos de saber, acompanhava o Cristo em mais uma de suas peregrinações por aquelas plagas longínquas, desfrutando a paz da Sua presença, abeberando-se da sabedoria dos Seus insuperáveis ensinamentos.

Naquela oportunidade, posicionando-se em pequena elevação do árido terreno, o Mestre, serenamente, passara a aguardar que todos, à sua frente, se acomodassem.

Enquanto isso, por alguns momentos, percorrera com Seu doce olhar os semblantes daquelas criaturas que, ansiosas, aguardavam a Sua fala, auscultando a intimidade das suas almas sofridas, esquecidas pelo mundo, órfãs do amor, deserdadas pela felicidade.

Instantes após, a voz ternurosa do Emissário do Amor se fizera ouvir, passando a visitar as entranhas daqueles corações desalentados, fazendo-os vislumbrar novas e esperançosas veredas que seus pés ainda haveriam de trilhar.

Cada palavra, cada frase por Ele emitidas inebriavam aqueles atentos ouvintes, amainando-lhes as agruras, ressoando em suas almas como suave acalanto, embalando seus corações, tais a singeleza e a sabedoria de que se revestiam.

Os minutos escoaram céleres e ao final daquela Sua divina preleção, a alegria a todos contagiara, quando fraternais abraços, sorrisos, esperançosos comentários se fizeram presentes, delatando o vivo contentamento que de todos se apossara.

Assim, mais uma etapa da monumental missão de Jesus, amorosamente, fora cumprida.

Ah! Momentos sublimes foram aqueles, quando tantas criaturas tiveram a ventura de usufruir a presença do mais excelso dos seres humanos que por aqui, nesta Terra abençoada, transitara.

Porém, ignorando as celestes verdades que Ele, o Cristo, viera presenteá-las, ingratas, não Lhe deram ouvidos, deixando-O inquestionavelmente só, tendo como única companhia a cruz.

Do Divino Amigo em sua jornada de luzes nada ficara grafado, porém, com o cinzel do amor, Ele esculpira no éter e nas almas as Suas sábias lições, transformadas que foram, com o passar dos tempos, no Seu incomparável e consolador Evangelho.

Séculos transcorreram desde aqueles memoráveis tempos e hoje, saudosos, carentes, clamamos pelo Mártir da Cruz, desejando usufruir a Sua terna presença, acompanhando-nos os passos, inspirando-nos a caminhada, perfumando-nos a alma. Caro leitor, se for este também o seu desejo, acredite no livro espírita, em suas páginas de luz você se encontrará definitivamente com Jesus.

25.
PELAS VIAS DO PENSAMENTO

A noite estava fria, nevoenta, impedindo a visão encantadora do cortejo das estrelas que, escondidas atrás das espessas nuvens, por certo enfeitavam o firmamento.

Recolhido em seus íntimos aposentos, deixando-se levar pelas asas do pensamento, um velho homem passou a recordar-se do seu passado quando, pleno de vitalidade, exercitava-se pelas estradas perfumadas da caridade, servindo, sem esmorecer, os seres humanos que o Pai de infinita bondade, colocava em seu caminho.

Porém, o tempo, implacável, houvera passado e com ele aqueles inesquecíveis e prazerosos momentos, deixando um rastro de profunda saudade em seu coração.

Seu corpo cansado, reflexo dos anos vividos, não era mais o mesmo, delatando a velhice impiedosa que viera em seu encalço, fazendo-lhe definitiva companhia.

Seus olhos perderam o brilho e a vivacidade, impossibilitando-o de visualizar, como outrora, as incontáveis belezas com que o mundo o presenteava.

Seus ouvidos, pouco a pouco, foram sendo deserdados pelos tesouros da audição, impedindo-o de distinguir as inumeráveis melodias da vida, fazendo-o necessitar da paciência alheia para poder entretecer a mais despretensiosa conversação.

Sua voz, mais parecendo um sussurro, perdera a flama, carecendo da boa vontade de outros ouvidos para se fazer entender.

Seus braços e suas mãos, gradativamente, foram sendo privados do vigor de antanho, fazendo-o depender da ajuda alheia para serem atendidas as suas mais ínfimas necessidades.

Suas pernas, incontestavelmente enfraquecidas, passaram a não atender aos apelos da sua mente, impossibilitando a sua locomoção, impedindo-o de ir ao encontro dos corações carentes, aliviando-lhes as agruras.

Por fim, as fracas batidas do seu velho coração eram sinais evidentes do esvaimento das suas forças e da fragilidade da sua vestimenta carnal.

Enredado por estas inescapáveis constatações, momentânea e incômoda tristeza o viera visitar, fazendo-o sentir-se um inútil, sem mais expectativas, sem futuro, descartado pela vida, impedido de servir ao Cristo Jesus como até então, amorosamente, o fizera.

Naquele exato instante, enquanto lágrimas sentidas se fizeram presentes, começou a orar quando, como por encanto, sentiu-se envolvido por inenarrável paz que, de imediato, resgatara-lhe a alegria de outrora, aportando-lhe novas esperanças.

Assim, emocionado, inspirado pelo amigo espiritual que incansavelmente acompanhava os seus passos pelas veredas da vida, dissera, de forma que seus próprios ouvidos pudessem escutar: “Se não mais consigo exercitar-me pelos caminhos da caridade através dos meus olhos, dos meus ouvidos, da minha palavra, dos meus braços... Não me deixarei abater, pois haverei de praticá-la até o final dos meus dias, servindo fielmente a Jesus, pelas vias do meu pensamento, sempre envolvido pelo amor despretensioso que, incessantemente, viceja em minha alma".

Por esta razão, a você, leitor amigo, que com os olhos atentos percorre estas poucas linhas, peço-lhe o fraternal consentimento para lembrá-lo de que o nosso pensar, cobrindo as distâncias, mais rapidamente do que a luz, inexoravelmente chegará ao seu destino, levando consigo o bem ou o mal que o caracteriza, comprovando a verdade desta divinal mensagem: "onde estiver o nosso pensamento, lá estará, também, o nosso coração!".

26.
PÉROLAS ENCLAUSURADAS

Percorrendo as calçadas do mundo, fatalmente iremos encontrar seres humanos com os mais diversos pendores, carregando em suas intimidades a somatória das experiências vividas durante o carreiro das encarnações que, gradualmente, vai lapidando as suas almas, para que um dia venham a brilhar, conquistando em definitivo a própria luz.

Muitas dessas criaturas, por ora, ainda prisioneiras dos tentáculos pegajosos do egoísmo, tornam-se observadores perspicazes, julgando cada palavra, cada atitude, cada ação, daqueles que lhes presenteiam com o privilégio da companhia, através das lentes embaçadas pelas suas tendenciosas e superficiais análises, o que as impedem de visualizar os tesouros incalculáveis da fraternidade.

Os seus olhos especializaram-se em descortinar os eventuais equívocos alheios, os seus ouvidos, em detectar as palavras desarmoniosas que, eventualmente, alguém possa ter emitido e, assim agindo, sem se darem conta, vão vestindo a toga da magistratura autossuficiente e implacável, distanciando-se cada vez mais das veredas perfumosas da amizade e do amor.

Com o passar do tempo, transformam-se em pessoas malqueridas, a palmilharem as vielas da vida, tendo como inseparável companhia a gélida solidão.

Incapazes de perceberem as virtudes que as criaturas que as rodeiam já trazem incrustadas em suas almas, somente conseguem nelas distinguir densa escuridão, onde, se, fraternalmente, lhes dessem a devida atenção, acabariam por notar vestígios de luz, prestes a transformarem-se em fulgurantes claridades.

Por estas razões, caro irmão, reflita sobre estas modestas palavras e alicerçando-se nos sábios ensinamentos de Jesus, procure ajuizar, justa e amorosamente, sobre o que, em seguida, estou a lhe propor.

Em todos os momentos que, porventura, usufruir o convívio de quaisquer destes carentes seres humanos, empenhe-se fraternalmente para descobrir as pérolas que já trazem imantadas em suas almas, cuja presença, talvez, elas próprias desconheçam, para que, venham a luzir tal qual o Divino Emissário do Amor há mais de dois milênios aguarda, pacientemente, que venha a acontecer com cada um de nós.

27.
QUANTAS VEZES...

No cotidiano das nossas vidas, somos compelidos a vivenciar inumeráveis experiências, quando, então, as nossas mentes e os nossos corações, numa simbiose constante, empenham-se para delinear as veredas que, esperamos, haverão de nos conduzir ao reduto da tal felicidade.

Contudo, distraídos, é comum nos deixarmos embevecer pelas enganosas facetas coloridas do mundo, vendo-nos, muitas vezes, manuseando os pincéis do egoísmo, do orgulho, da ingratidão, da injustiça, do desamor... Transportando para as telas da nossa existência o negror da nossa alma, maculando o quadro belíssimo que a vida, paciente e generosamente, ilustra diante dos nossos olhos ainda extasiados, ludibriados pela matéria efêmera e transitória.

Enceguecidos pelo brilho fugaz, das gloríolas com que o mundo ardilosamente nos presenteia, acabamos por nos desviar do verdadeiro sentido das nossas vidas, conduzindo o sublime sentimento do amor universal pelos atalhos nebulosos do esquecimento.

Quantas vezes nosso olhar se manteve impassível diante das lágrimas que deslizavam pelas faces sofridas e desesperançadas dos seres humanos que tramitavam conosco pelas calçadas da vida, na expectativa da nossa complacência e compaixão?

Quantas vezes nossos ouvidos permaneceram distraídos perante os gemidos doridos das criaturas deserdadas pela felicidade, cativas do desdém e da omissão, aguardando, tão só, o nosso parecer e os nossos sinceros e bondosos aconselhamentos?

Quantas vezes nossa voz se manteve prisioneira do silêncio, egoisticamente emudecida diante de irmãos do caminho, perdidos, confusos, à mercê das intempéries da vida, esperando de nós, tão só uma conscienciosa palavra, um prudente incentivo, para se sentirem motivados a mudar o rumo dos seus passos, até então indecisos, titubeantes?

Quantas vezes nossos braços permaneceram inertes, insensíveis perante criaturas humanas envolvidas pelo desânimo e pelo pessimismo, quando poderíamos tê-las presenteado com o nosso abraço carinhoso e fraterno, insuflando-lhes a coragem para retornarem às suas estradas e construírem um novo porvir?

Quantas vezes nossas pernas se mantiveram preguiçosamente reféns da lassidão, quando tantas criaturas carentes transitavam diante de nós, pedindo-nos, silenciosamente, tão só a nossa companhia e amizade?

Quantas vezes nossas mãos se distanciaram das sendas perfumosas da caridade, indiferentes ao sofrimento e às dores daqueles que conosco percorriam as estradas pedregosas do mundo, a espera, tão só, da nossa atenção e da nossa ajuda?

Quantas vezes nosso coração permaneceu enlaçado pelas teias do egoísmo, impassível às dores das almas desesperançadas que nos rodeavam no aguardo, tão somente, de um pouco de amor?

Caro irmão de jornada. É necessário que tenhamos a coragem suficiente para, com o cinzel do amor, lapidarmos a nossa alma, extirpando o egoísmo pertinaz que ainda teimosamente nos enlaça, para que venhamos a luzir, iluminando o nosso próprio caminho e o de todos aqueles que haverão de seguir os nossos passos, honrando-nos com as suas companhias.

28.
REFLEXÕES

Momentos existem em nossa romagem terrena, em que nos sentimos impelidos a meditar, refletir para melhor analisarmos o nosso agora e o nosso amanhã que, por vezes, nos parece muito distante e nebuloso.

Neste silêncio interior em que ouvimos tão somente o murmúrio suave das nossas consciências, nos damos conta de que não devemos vivenciar o dia a dia das nossas existências simplesmente usufruindo os prazeres transitórios com que o mundo nos presenteia, enaltecendo a matéria enganosa que nos faz, inevitavelmente, enveredar por caminhos sinuosos, muitas vezes, sem volta.

Os fatos acontecem rápida e incessantemente.

As imagens e os sons desfilam céleres e, sutilmente, somos contagiados e envolvidos por este êxtase, vivenciando, como que automatizados, o amanhã como se fosse o hoje; o depois como se fosse o agora.

Nossos olhos se deslumbram, nossos ouvidos se impacientam, nossa palavra flui emocionada e o nosso coração se extasia.

Embevecidos por esta rapidez contagiante, tomamos iniciativas e decisões, assumimos posturas e, se não estivermos em harmonia, em equilíbrio, estaremos propensos a agir de forma egoística e, fatalmente, enveredaremos por atalhos perigosos que nos conduzirão ao vale negregoso das desilusões.

Sim, amigo irmão que nos brinda com a gentileza de sua atenção, é o mundo a nos entorpecer com o aroma inebriante da matéria, conquanto, com a rapidez do raio se evapora.

Antes, porém, faz-nos esquecer a essência perfumosa do Cristo Jesus, a balsamizar nossas estradas.

Ofuscados pelo brilho efêmero da matéria sedutora, não conseguimos visualizar as luzes espirituais que suavemente nos conduzirão ao regaço do Divino Amigo.

Sem dúvida alguma, destas ponderações emerge, nítida, a necessidade de termos nossos momentos de reflexão para podermos auscultar o nosso eu interior, vibrante, riquíssimo em experiências vividas em um sem número de encarnações passadas.

O nosso Espírito entesourado pelo lastro bendito de outras existências, quando se abeberou na fonte viva do saber, ao buscar a suave presença de Jesus, tem sua consciência sublimada, assumindo a soberania dos seus atos, palavras e ações, delineando claramente o que, como e quando colaborar nas obras do Pai, com dignidade e justiça, pois, se encontrará em êxtase, inspirado pelo Celeste Mensageiro da Paz.

Por isto, amigo irmão, empenhe-se para usufruir estes doces momentos de reflexão, fazendo companhia a você mesmo, com o coração entrelaçado com o do Sublime Peregrino do Amor.

Assim agindo, os equívocos serão evitados, reavivadas serão as suas virtudes e você se encontrará, amorosamente, fazendo a todos aqueles que cruzarem o seu caminho o que o Cristo Jesus teria feito, se estivesse no seu lugar.

Tenhamos sempre em mente que a verdadeira felicidade só será por nós encontrada quando tivermos a humildade de nos esquecer de nós próprios, lembrando-nos de todos aqueles que se encontram, pelo mundo, esquecidos.

29.
RENÚNCIA

Querido, gostaria de dirigir algumas palavras ao seu coração, para que nele seja gravado o verdadeiro sentido da palavra renúncia.

É por meio dela que evoluímos espiritualmente.

É, ao exercê-la, no dia a dia das nossas vidas, que conseguimos abrandar o nosso coração, compreender os caminhos pelos quais deveremos trilhar, entendendo também todos aqueles que conosco buscam caminhar.

A renúncia, aos ouvidos de quem se preocupa exacerbadamente com a matéria, soa como algo inconcebível, porque significa deixar de lado o que nos satisfaz, o que nos dá prazer e alegria.

Como estamos profundamente ligados a este mundo de provas e expiações, por razões diversas, temos muitas dificuldades em renunciar.

E sem que nos apercebamos, somos deste planeta escravos, caminhando lado a lado com a inferioridade de princípios, na busca incessante dos prazeres que a vida, paulatinamente, vai nos oferecendo.

O tempo passa e nós, sem o exercício da renúncia, vamos agindo de forma equivocada em vários campos de nossas atividades.

Por vezes renunciamos e quando o fazemos é porque somos obrigados por forças maiores.

Os dias vão seguindo e, num determinado momento de nossas vidas, quando o corpo se encontra cansado e a mente talvez desiludida, nós paramos para pensar, refletir.

E no retrospecto de nossas existências, constatamos, com certa tristeza, que a muito pouco renunciamos e que todos os nossos passos visaram os nossos próprios interesses, esquecendo-nos de estender os nossos braços àqueles que necessitavam, de acompanhar os corações sofridos, de dizer palavras doces aos ouvidos desesperados, de enviar o nosso olhar complacente aos que se encontravam apedrejados pelo desamor.

Choramos, nosso coração se entristece e as lágrimas banham o nosso rosto, incitando-nos a evoluir, mudar o nosso sentir, a nossa forma de pensar e agir.

Nesses momentos, quando nos encontramos alquebrados, é que buscamos o Cristo amado para pedir-Lhe perdão pelos dias em que não cumprimos com as nossas responsabilidades, em que O esquecemos.

Buscamos o Cristo com muito amor, olvidando-nos, porém, de que este sentimento momentâneo terá que seguir uma longa caminhada para, realmente, fazer morada em nosso coração.

Como buscarmos este amor?

Como sentirmos o seu perfume?

Simplesmente renunciando a tudo aquilo que, porventura, venha a prejudicar o nosso próximo.

A renúncia evidencia o bom senso, porque, por intermédio dela, abdicamos daquilo que é supérfluo, dispensável.

Assim agindo, novas alegrias vão adentrando em nossos corações, pois, a renúncia, anteriormente dolorosa, passa a ser doce e amorosa e, por meio dela, o nosso coração vai desfrutando, pouco a pouco, a felicidade:

a felicidade de um sorriso encontrado, ao darmos o nosso abraço;

a felicidade de ofertarmos o pão aos corpos famintos e premidos pelas dores;

a felicidade de caminharmos lado a lado com todos aqueles que militam nessa Terra em busca desta mesma felicidade que já alcançamos;

a felicidade de irmos ao encontro daqueles que se encontram enfermos, levando a nossa presença, a nossa companhia e o nosso calor humano;

a felicidade de mantermos os nossos ouvidos sempre atentos para escutar as lamúrias daqueles que ainda não compreenderam as alegrias com que a vida pode lhes presentear;

a felicidade de compreendermos e perdoarmos os corações que ainda ofendem e agridem, desrespeitando o próximo e que ainda se encontram distantes das sendas do amor.

A renúncia, aos poucos, vai nos enredando, vai nos conquistando e vamos nos tornando pessoas mais bonitas por dentro, enriquecendo a nossa alma.

E, na humildade do nosso agir, conseguimos alcançar a felicidade que antes nos parecia tão distante.

Assim sendo, de renúncia em renúncia, vamos arquitetando o nosso porvir, que se vê iluminado por suave luz porque, a cada degrau construído nos apercebemos estar docemente acompanhados por Jesus!

30. RESPEITO

Os anos transcorrem céleres.

Pouco a pouco, deixamos a infância e os dúlcidos anos da juventude para nos tornamos adultos, experientes; adquirindo a longos haustos novos conhecimentos, novas responsabilidades, vivenciando novos desafios.

Como consequência, vamos assumindo novas posturas diante da vida que, sutilmente, se descortina aos nossos olhos, às vezes surpresos e, outras tantas, extasiados.

Sem nos apercebermos, passamos a exigir dos outros respeito para com o nosso pensar, para com o nosso agir, para com o nosso vivenciar.

Desejamos que assim o façam, levando em consideração os anos vividos, a experiência sorvida, o saber adquirido.

Assim raciocinando, nossas palavras tendem a tornar-se mais intransigentes, por vezes, indelicadas.

Nosso olhar indagador, prepotente, nossos ouvidos menos pacientes e nossos gestos austeros, autoritários, por vezes, agressivos.

Atribuímo-nos valores que não possuímos, mas que desejamos serem notados por aqueles companheiros de jornada que nos presenteiam com a honra da atenção e da companhia.

São valores que o nosso orgulho tenta ilustrar, mas que os olhos alheios não conseguem enxergar.

Exigimos respeito quando, na realidade, deveríamos, simplesmente, conquistá-lo.

E como? Pela palavra singela que emitirmos, pelo olhar compreensivo que direcionarmos, pela paciência que vivenciarmos, pelo perdão que cultuarmos, pela dignidade que externarmos, pela justiça que demonstrarmos, pelo respeito que para com os outros exemplificarmos, pela bondade e pelo amor que ofertarmos.

Quando o Cristo Jesus nos brindou com a Sua amorável companhia, de nós nada exigiu e nada nos impôs.

Suave, gradativa e humildemente, foi arrebatando os corações, trazendo para o Seu tépido regaço as almas que se encontravam deserdadas pela felicidade, enregeladas pelo desânimo e pelo desamor.

Hoje, passados mais de dois milênios, continuamos a reverenciar o Sublime Peregrino do Amor pelo maravilhoso legado que Dele herdamos, relembrando-nos de que em todos os momentos da Sua vida, nada quis em Seu favor, esqueceu-se de Si próprio para lembrar-se, tão somente de nós, ofertando-nos generosamente o Seu doce coração.

Conquiste o respeito cristão de todos aqueles que com você palmilham as estradas da vida, cultivando a alegria, abrandando o seu olhar, apaziguando o seu escutar, dulcificando a sua voz, direcionando o seu corpo e os seus braços em prol dos necessitados, abrindo, definitivamente, as comportas do seu coração a todos aqueles que se encontram carentes de amor.

Assim agindo, querido irmão, sentirá o suave aroma da presença de Jesus penetrar as fibras mais profundas da sua alma, transformando-a na flor veludosa a exalar, por toda a eternidade, o inebriante perfume do amor!

31.
RESTAURADORES DE ALMAS

Ao visitarmos uma galeria de arte, um antiquário, um museu, logicamente, iremos nos deparar com inumeráveis peças que relatam, por intermédio das suas formas, cores e dos elementos que as compõem, suas histórias, delineando os caminhos que houveram percorrido ao longo dos anos, décadas, séculos...

Sem dúvida, o tempo acabará por alterar-lhes as cores e até mesmo a configuração, fazendo com que, lentamente, venham a perder as suas características, os seus encantos, tornando evidente aos olhos do observador atento, a necessidade imperiosa de restauração, que por certo as farão retornar às origens, resgatando-lhes a essência que os anos se incumbiram de transformar.

Assim sendo, essas peças, ao serem submetidas a um experiente e consciencioso restaurador, este inicia a sua delicada tarefa, reconstruindo as partes afetadas para, em seguida, pacientemente, remover a tinta que lhes cobria a superfície.

Por vezes, ao trabalhar uma ou outra peça, o profissional nota, surpreso, que ao retirar a primeira camada de tinta, a fim de retocá-la, surge-lhe diante dos olhos uma outra, de cor diferente, delatando-lhe que o objeto fora adulterado, perdendo, por consequência, o seu valor histórico, a sua primitiva e verdadeira identidade.

Constatado o fato, o bom profissional, utilizando-se de nova tinta, porém, na cor original da peça, cobre-lhe novamente a superfície desgastada, recuperando-lhe a beleza, o passado, restituindo-lhe o devido valor.

Caro leitor. Procurando, juntamente com você, fazer uma analogia com o que fora exposto, se bem refletirmos, concluiremos que os Centros Espíritas que, incondicionalmente, acolhem incontáveis corações, constituem-se em valorosos "Restauradores de Almas", contribuindo para remover, paciente e amorosamente, as tintas grosseiras, sem brilho e sem beleza que pouco a pouco o mundo da matéria fora sutilmente encobrindo em nossas almas, deslustrando-as, ocultando-lhes a doce essência.

Assim agindo, as Casas Espíritas, verdadeiros educandários do amor, gradualmente, vão recolorindo as nossas almas com as tintas luminescentes da fraternidade, resgatando-lhes a essência que o mundo tentara empanar. Das suas entranhas, então, irá emergir o aroma perfumoso da presença de Jesus acompanhando-nos os passos, incentivando-nos a distribuir as pétalas veludosas da caridade, sem distinção, hoje e amanhã, aqui e acolá, para este e aquele irmão, como Ele próprio faria se estivesse em nosso lugar.

32. SAUDADE

Era uma dessas noites claras, belíssima, quando, no firmamento, as estrelas desfilavam, faiscantes, encantando os olhos de quem as observasse.

A lua, exuberante, enfeitava ainda mais aquela longínqua paisagem, acariciando a Terra com sua luz prateada, apaziguando os corações, convidando-os a viajar nas asas do tempo.

Pensativo, com os braços apoiados no peitoril do alpendre de luxuosa residência, percorrendo com o olhar as inumeráveis nuanças daquela cena celestial, abraçado momentaneamente por indefinível melancolia, um abastado senhor fora levado a rememorar os tempos passados e a refletir sobre o seu hoje e o seu próximo amanhã.

Recordou-se então da sua saudosa infância, quando externava a pureza da sua alma, pela espontaneidade das suas palavras e da piedade incondicional do seu coração.

Seus pais o cercavam de todo o carinho, conforto e atenções, adornando os seus dias com suas amoráveis presenças.

Todas as noites, ao se deitar, sua mãezinha, pacientemente contava-lhe doces histórias sobre Jesus e, ao final delas, enaltecia os Seus ensinamentos e Sua incansável bondade, fazendo com que, aos poucos, do Cristo se enamorasse.

O tempo fora passando e, jovem ainda, enfrentou a maior das suas dores, quando os seus pais repentinamente partiram para o além, fazendo-o sentir-se inapelavelmente só, distante daqueles corações que tanto amava.

Inconformado, acossado pela revolta, deixou-se conduzir pelas mãos do mundo e, inebriado pelas suas ilusórias cores e efêmeros perfumes, fascinou-se, esquecendo-se do Sublime Peregrino do Amor.

Agraciado pela fortuna, caminhando pelas estradas da vida, conheceu incontáveis rincões e criaturas, desfrutou vitórias e amargurou derrotas, sorriu e chorou...

Desiludido com a vida e com as pessoas, naquele momento de profunda meditação, encontrava-se outra vez só, órfão do amor.

Foi quando então duas lágrimas incontidas deslizaram pelas suas faces, expondo as dores íntimas que visitavam o seu coração.

Naquele inesquecível instante uma voz silenciosa, percebida tão só pelos ouvidos da sua alma carente, dissera-lhe, plena de ternura:

"Siga-Me, irmão querido, faça-Me companhia pelas veredas perfumosas do amor, pois, acredite, ainda há tempo!"

A partir daquele momento, uma alegria e uma paz indizíveis apossaram-se daquele homem, envolvendo-o completamente, fazendo-o sentir-se impelido a seguir os rastros do Cristo, espargindo o amor em direção a todas as criaturas que, doravante, viessem a cruzar os seus caminhos.

Foi então que tivera a certeza de que aquela profunda e inesperada melancolia que instantes atrás o havia, ternamente, abraçado, era tão somente, "saudade de Jesus"!

33.
SEM FRONTEIRAS

Grande parte dos seres humanos que vivencia esta jornada terrena, envolvida pelos afazeres e responsabilidade do mundo, sem se aperceber, distancia-se gradativamente dos caminhos espirituais, enveredando-se por atalhos perigosos, aprisionando-se aos instintos e deles tornando-se cativa.

Transita, olvidando-se daqueles que seguem em sua retaguarda, em sua frente, ao seu lado, muitas vezes, estiletados pela dor, trazendo no semblante a imagem viva do desencanto e das aflições.

Vivenciando tão somente o seu mundo particular e egoísta, esquecem-se dos sofrimentos alheios, das lágrimas vertidas, das tristezas profundas que acicatam suas almas, adoecendo por vezes seus corpos físicos, acarretando-lhes calvários dos mais pungentes.

Enceguecidos pelo querer, esquecem-se de que estes irmãos são seres humanos, também em busca dos seus objetivos e que sem ajuda, compreensão e amor, embrenham-se pelas estradas tortuosas do desânimo, entregando-se ao marasmo da solidão que lhes serve de refúgio, tornando enfadonho o seu existir, levando-os a desencantarem-se da vida.

Frígidos, insensíveis para com as dores alheias, seguem seus caminhos, destituídos de fraternidade e amor, sem se darem conta de que, na verdade, fazem parte deste imenso contingente de almas sofridas que, ansiosamente, buscam encontrar a doce felicidade.

O egoísmo neles incrustado cerra seus ouvidos, cega seus olhos, emudece suas vozes, paralisa seus braços, insensibilizando suas mãos e seus corações aos sofrimentos alheios.

Buscam a felicidade e não a conseguem alcançar, sem se aperceberem que, para conquistá-la e usufruí-la, basta empenharem-se para levá-la àqueles que também, incessantemente, procuram-na.

Para tanto, é suficiente abrirem seus olhos, seus ouvidos, seus lábios, seus braços, suas mãos e seu coração aos carentes de amor e, como generosa retribuição, sentirão a presença do Divino Amigo a balsamizar suas almas, forrando com flores perfumadas o chão dos seus caminhos.

Ao se desapegarem dos laços egoísticos da família carnal, da qual são partícipes amorosos, indo, mais além, levar a corações que desconhecem, mas que percebem necessitados e sofridos, sua companhia, sua amizade, caridade e amor; encontrarão a harmonia e a paz, antessalas da perene felicidade que tanto buscam encontrar.

Por vezes, apenas alguns instantes de paciência no seu escutar, brandura no seu olhar, doçura no seu falar, mansidão no seu gesticular são suficientes para amainar dores e dulcificar amargos corações.

Assim agindo, o amor vai ampliando suas fronteiras, indo buscar outras paragens além daquelas constituídas pelos laços consanguíneos e, pouco a pouco, irão usufruindo e se conscientizando do verdadeiro sentido das suas vidas, qual seja: "o de fazer pelo próximo tudo aquilo que para si gostariam que fosse feito!".

34.
SETE LETRAS

Sete letras, por vezes, compondo um triste hino ao amor, juntam-se uma a uma, exaltando o suplício da dor.

Referimo-nos à palavra saudade que o nosso coração invade, trazendo consigo muitas vezes desencanto e sofrimento.

Os nossos olhos derramam lágrimas de tristeza, arrancadas das profundezas do nosso coração, nosso semblante amargurado exterioriza a nossa dor; nossas mãos, crispadas, evidenciam nosso desespero e nossos passos, titubeantes, a desarmonia que tomou conta do nosso ser.

Lembramo-nos, saudosos, daqueles amados que se puseram a caminho para o além, levando consigo, fragmentos do nosso coração, parte da nossa alma.

Os dias tornam-se frígidos, intermináveis, pois fomos privados da presença, da palavra, do sorrir, do doce acarinhar daquelas criaturas que tanto amávamos.

Assim, caminhamos, indecisos, sem objetivo, levando a dor como companheira incansável.

O sentido da perda, do não mais ver, sentir, interagir, comprime o nosso peito, angustiando os nossos dias, fazendo brotar dos nossos olhos lágrimas doridas de profunda saudade.

Todavia, os companheiros de jornada que já enveredaram pelos caminhos da espiritualidade, que já amalgamaram, no âmago do ser, a consciência lúcida e incontestável do processo reencarnatório, a iluminar e ampliar os seus horizontes, consideram a saudade tão somente, como cariciosa lembrança dos grandes amores que enfeitaram suas vidas.

Amores estes que jamais dirão adeus, deixando na partida apenas um até breve, aguardando no além as alegrias do reencontro.

Sabem que aqueles que os antecederam na partida rumo à pátria espiritual, onde quer que se encontrem, ofertam-lhes, carinhosamente, seus corações.

Envoltos pela matéria densa, os ouvidos não conseguirão captar suas palavras, porém tendo as mentes sensibilizadas captarão seus pensamentos, como se fossem suave melodia acarinhando suas almas.

A partir de então, a saudade-tristeza dirá o tão esperado adeus, sendo suavemente substituída pela saudade-compreensão, deixando a certeza de que, no amanhã das suas vidas, o Pai Amantíssimo promoverá o justo e feliz reencontro.

Sete letras que compunham um triste hino ao amor, juntam-se agora uma a uma, não mais para exaltar o suplício da dor, mas sim para compor belíssimo poema exortando a alegria, enaltecendo a pujança do amor!

35.

SEVERIDADE E COMPLACÊNCIA

Ao vivenciarmos nossa existência, em muitas oportunidades, nos sentimos agredidos pelas palavras, pelas atitudes, pelos gestos, até mesmo pelos pensamentos daqueles que conosco comungam esta mesma jornada terrena.

Face a todos estes desencontros é, de certa forma, previsível que nós, frágeis seres humanos, procuremos defender-nos dessas adversidades, apresentando, na maioria das vezes, forte tendência em permanecermos frios, ressentidos, pessimistas quanto às diversas situações que a vida constantemente nos coloca à prova.

Nossa voz, paulatinamente, vai perdendo a doçura, o nosso olhar torna-se passivo, nossos ouvidos dispersivos e desatenciosos, nossos braços mantêm-se indolentes, nosso andar desanimado; enfim, sem que nos apercebamos, pouco a pouco vamos nos envolvendo no pessimismo e, consequentemente, alienando-nos do mundo que em mais esta encarnação nos acolheu.

Tornamo-nos gradativamente pessoas neutras, impermeáveis e nos achamos agredidos pelo mundo, sem nos conscientizarmos de que, com as nossas atitudes impensadas, também, nos tornamos agressores, agindo da mesma forma que recriminamos.

Apresentamos muitas vezes tendência para nos acharmos prejudicados, julgados, criticados, convencendo-nos de que as pessoas que cruzam os nossos caminhos não são amistosas, sinceras, justas, mas sim, mentirosas, inconsequentes, sem amor em seus corações.

Passamos a julgar o próximo com muita severidade e a nós mesmos com muita complacência.

Será que agimos com o próximo da mesma forma como gostaríamos que agisse conosco?

Estas e muitas outras indagações deveríamos, com constância, fazer a nós mesmos, para não mais continuarmos julgando, criticando os corações que, como o nosso, buscam incessantemente encontrar a felicidade.

Enfim, deveremos envidar os nossos melhores esforços para sermos severos com os nossos próprios erros e equívocos e, ao mesmo tempo, complacentes para com os deslizes do nosso próximo, pois, assim agindo, gradativa, mas ininterruptamente, estaremos caminhando em direção aos ternos braços de Jesus!

36.

SIMPLES RESPOSTA

Há muito tempo, um pobre homem, tendo vivido uma série de amargas experiências, cansado e extremamente decepcionado com o ser humano e consigo próprio, estava a meditar.

Procurava respostas que viessem amenizar os seus sofrimentos, dando-lhe forças para continuar enfrentando as vicissitudes, na esperança de encontrar, em definitivo, a felicidade.

Assim dizia:

Jesus...

O que devo fazer para que a Sua luz adentre o meu obscurecido coração?

Como viver neste mundo envolvente, que enaltece a matéria, estimulando os instintos e não esquecer-me dos Seus ensinamentos?

O que devo fazer para expulsar da minha alma a solidão implacável, substituindo--a pela Sua terna presença?

Como externar, por intermédio dos meus lábios, doces palavras que possam acarinhar outros corações, como Você o fez, quando aqui esteve, fazendo-nos companhia?

De que forma tornar meus ouvidos pacientes como os Seus, escutando os lamentos e as infâmias do mundo, amainando as dores e perdoando as ingratidões?

O que fazer para que os meus braços se transformem em pontes de amor, trazendo, para junto de mim, os deserdados da felicidade, como Você, pela Sua humildade cativante, demonstrou ser a ponte bendita, ligando a Terra aos céus?

Como fazer para que as minhas mãos sejam emissárias do carinho, do consolo e da caridade, como foram as Suas, que ofertaram, por intermédio da meiguice do Seu contato, estas joias que emergiam do imo da Sua alma?

Como vislumbrar as facetas multicolores que o mundo nos expõe, da mesma forma que Você as enxergava quando aqui esteve, mesmo tendo a alma flagelada pela nossa obstinada ingratidão?

Como fazer para conquistar a alegria de viver e transmiti-la a todos aqueles que me presenteiam com a companhia, tal qual Você, amavelmente, fazia exalar por intermédio do carisma da Sua presença?

Como manter o fraternal equilíbrio diante dos duros obstáculos que a vida nos impõe, tal qual Você, constantemente testemunhava, por intermédio da harmonia e da paz que emanavam do Seu amorável coração?

Como perdoar e compreender sem restrições os equívocos alheios, como Você, mesmo preso ao madeiro infamante, caridosamente perdoou aos seus algozes que, devido à pequenez das suas almas, não haviam ainda compreendido a sublimidade da Sua sacrificante missão?

Como eliminar da minha alma as emanações deletérias provocadas pela constância dos meus erros, fazendo-a envolver-se pelo aroma perfumoso que emana incessantemente do Seu amantíssimo coração?

O que fazer para sentir a suavidade dos Seus passos, acompanhando-me no dia a dia da minha existência?

Como, Jesus? Como?

Assim suplicava o pobre homem, quando seus ouvidos espirituais, extasiados, captaram uma voz aveludada, parecendo-lhe que vinha dos céus, acariciando seu coração, balsamizando a sua alma a lhe dizer: “Para que consigas desfrutar todos estes tesouros, basta simplesmente amar da mesma forma e com a mesma intensidade com que Eu te amo!”.

37. SOLIDÃO

Neste planeta bendito em que militamos, apesar de convivermos, longo tempo com inumeráveis pessoas, gradualmente vamos nos conscientizando de que parte delas se encontra envolvida por dorida solidão.

Em nosso caminhar, temos o ensejo de usufruir muitas amizades e, durante este convívio, nos apercebemos de que com o mesmo entusiasmo com que nascem, tendem a fenecer, fazendo-nos vivenciar neste interregno, crescente solidão que aos poucos vai enregelando o nosso coração, por vezes fazendo-nos crer que estamos sendo alvos de injusta e amarga ingratidão.

O tempo vai transcorrendo e a vida, por sua vez, pacientemente, vai abrindo suas cortinas, tornando visíveis aos nossos olhos as suas inúmeras facetas e os seus incontáveis matizes.

Novas oportunidades, novos lugares, novos seres humanos vão participando do nosso caminhar, enriquecendo as nossas experiências, ensinando-nos naturalmente um novo vivenciar.

Muitas vezes nos encontramos rodeados por algumas poucas almas que conosco comungam os mesmos ideais, porém, na grande maioria das outras oportunidades, apesar de estarmos dividindo a nossa presença física com muitas outras pessoas, sentimos que a solidão viera nos visitar, entristecendo o nosso semblante e o nosso coração.

Mas é nesses amargos momentos que nos sentimos impelidos a direcionar o nosso pensamento a Jesus.

É nesses instantes que transportamos nossa alma para além da matéria, buscando a companhia do Mestre do Amor, sabedores de que Ele nos escuta, nos ampara, amaina as nossa dores, acarinha a nossa alma, enxuga o nosso pranto e docemente nos abraça, acalentando-nos em seu terno regaço.

É justamente nesses raros momentos de reflexão e de supremo silêncio, que nos apercebemos usufruindo a presença do Cristo Jesus a envolver a nossa alma.

Ao com Ele dialogarmos, pelas vias do pensamento, sentiremos uma paz inexprimível nos envolver, dando-nos a certeza de que, absolutamente, não estamos sós.

Por mais paradoxal que possa parecer, nesses momentos de dorida solidão, nossa mente é visitada por doce alegria, porque sentimos, definitivamente, a perfumosa presença do Sublime Peregrino dentro de nós e, mesmo estando sós, mesmo que não tenhamos ninguém a quem possamos dirigir nossa palavra, em quem depositar nosso olhar, sentimos, no íntimo do nosso ser, que Jesus foi por nós eleito o mais dileto e amado dos irmãos.

Portanto, quaisquer que sejam as nossas vicissitudes, quaisquer que sejam os nossos desencantos, não vamos permitir que a solidão em nós faça guarida, porque ela somente se instala quando não temos o Cristo Jesus na alma e nem no coração!

38. SORRISO

No dia a dia do nosso caminhar, vamos nos apercebendo de que as alegrias vêm se tornando, aos poucos, menos comuns, mais raras.

A você que nos dá o carinho da atenção, peço a humilde permissão para, fraternalmente, indagar-lhe: Quantas vezes você tem sorrido ultimamente?

Quantas vezes a alegria sincera do seu coração é exteriorizada por intermédio dos seus lábios?

Por isto, medite um pouco conosco sobre o sorriso.

O sorriso é um tesouro de que somos possuidores e nada nos custa ofertá-lo, bastando apenas deixá-lo fluir, docemente, por intermédio dos nossos lábios.

Todos nós, quer estejamos passando por momentos de fartura ou de penúria, tanto material como espiritual, podemos levar aos olhos e, por consequência, aos corações daqueles que conosco militam neste planeta-escola, momentos de alegria, quando ofertamos, amorosa e fraternalmente, o nosso sorriso.

À medida que sorrimos, descontrai-se o nosso semblante, ao mesmo tempo em que deixamos à vontade o irmão de quem usufruímos a presença, para que ele possa sentir e desfrutar a espontaneidade da nossa doação e doar-se, também, de coração, com amor.

Ao sorrirmos, os nossos olhos adquirem novos contornos, outro brilho e, através deles, evidenciamos as pessoas que conosco compartilham momentos de vida, a doce fraternidade que se encontra latente nas profundezas da nossa alma.

Ao sorrirmos, nossa mente faz-nos esquecer por instantes a desconfiança, a soberba, as mágoas, as tristezas, refluindo, através dos nossos olhos, as ondas benditas da alegria, da amizade, da consideração e do perdão, por vezes, de há muito tempo por nós esquecidas.

Ao sorrirmos, nossos corpos sentem-se incitados a se aproximar de outros corpos e nossos braços, sem nos darmos conta, sentem-se impelidos a estender-se em direção daqueles irmãos de que usufruímos a companhia.

Um abraço, apenas um leve tocar, acompanhado pelo sorriso é o sinal que damos da nossa amizade, do nosso carinho e da nossa simplicidade.

O sorriso faz com que, mesmo quando nos encontramos impossibilitados de com as nossas pernas e braços agir, possamos envolver, num efusivo abraço espiritual, tanto outros irmãos, por intermédio da expressão amistosa dos nossos lábios.

O sorriso, quando ofertado com o mais puro sentimento de fraternidade, leva em seu bojo a alegria, o estímulo, a compreensão, a amizade, o consentimento, o perdão e tantas outras joias de que somos possuidores, todas elas envoltas pela beleza do amor.

Portanto, a você, que pacientemente nos ofereceu seu precioso tempo, permitimo-nos pedir-lhe, sorrindo, que em todos os momentos de sua vida, sempre que houver uma oportunidade, por pequena que seja, sorria, ofertando aos seus companheiros de jornada a alegria e a sinceridade que estão latentes em sua alma.

E, assim agindo, estará exercitando e usufruindo os eflúvios da divina caridade, sobre a qual o Cristo Jesus foi o Mestre dos Mestres ao testemunhá-la durante o Seu viver, quando conosco aqui esteve, neste planeta de provas e expiações!

39.

SUTILEZAS DA CARIDADE

Em nosso vivenciar, deparamo-nos com seres humanos de vários matizes.

Uns, procuram fazer a caridade por intermédio das palavras, levando a orientação e o consolo, exalando o perfume das sílabas, para que as frases acalmem os ouvidos e acalentem os corações.

Outros, pela brandura do olhar, externam a compreensão, a complacência, a piedade e o perdão.

Outros, por intermédio do silêncio paciente dos ouvidos, tudo escutam, como sendo receptores das tristezas, das mágoas, do desamor, retribuindo, sob a forma de compreensão, carinho e amor, o equilíbrio e a harmonia a quem com eles dialogam.

Outros mais, por intermédio dos braços e das mãos, auxiliam e curam as feridas, acarinham, distribuem calor humano, eliminando o sofrimento daqueles que com eles vivenciam esta jornada, exalando de dentro de si o perfume da fraternidade.

Outros, ainda, permanecem no silêncio, fazendo apenas companhia, levando àqueles que o cercam sua presença e alegria.

Muitos outros, por intermédio do seu sorriso, levam às almas sofridas a esperança e a paz.

Façamos a nossa parte, utilizemos os tesouros maravilhosos que o Pai da Vida nos legou, transformando-os em pontes benditas a nos conduzir ao encontro dos necessitados, lenindo suas dores, apaziguando seus corações, envolvendo com o suave aroma do amor as suas almas combalidas, conscientizando-nos de que poderemos também nos tornar verdadeiros e operosos emissários do Senhor.

40.
TEMPO CERTO

O rio caudaloso da vida segue o seu curso e, singrando suas águas, somos impelidos a vivenciar as mais diversas experiências, conhecer as suas variadas paisagens, enriquecendo, consequentemente, as nossas almas com mais uma oportunidade reencarnatória.

Algemados pelo pretensioso saber, é muito comum querermos que aqueles que nos ofertam o carinho das suas amizades sigam os nossos passos, comungando conosco o mesmo pensar, o mesmo agir, esquecendo-nos de que somos individualidades espirituais, com virtudes e desvirtudes específicas, devendo cada qual encontrar o verdadeiro sentido da sua vida.

Neste afã de acertarmos, cometemos incorreções, enganos, muitas vezes fazendo aqueles que amamos trilhar estradas ainda pedregosas para os seus pés, vislumbrar paisagens ainda sem colorido para os seus olhos, usufruir a aragem ainda para eles destituída de aromas perfumosos; fazendo com que se tornem escravos do nosso insensato querer.

É sabido que o dia somente surgirá quando o negror da noite for dissipado pelo sol, as chuvas somente banharão a terra quando as nuvens refertas derramarem caridosamente este liquor da vida, o ser humano somente renascerá para o mundo após meses de paciente e dadivosa gestação.

Tudo nesta vida tem um tempo certo para aflorar e não devemos querer que a árvore, ainda jovem, nos ofereça fruto dulçoroso, pois suas raízes tenras ainda buscam no interior da terra generosa a seiva bendita que trará vigor ao seu tronco, elasticidade aos seus galhos, fazendo surgir, somente no seu amanhã, as verdes folhas, o suave aroma das suas flores e o néctar dos seus frutos, devidamente sazonados.

É justo e sensato que não deixemos esta árvore sucumbir pelas intempéries e nem mesmo desenvolver-se desordenadamente, o que lhe acarretaria, no futuro próximo, prejuízos irreversíveis.

Torna-se necessário então que, em oportunidades tais, coloquemos em prática a poda benfazeja que conduzirá o tronco e os galhos para o rumo certo, para que a árvore, no amanhã de sua existência, venha a cumprir com acerto a missão que o Pai da Vida lhe confiou.

Portanto, por onde nossos pés passarem, deverão sulcar a terra, deixando um rastro evidente de paciência, de compreensão e de amor, respeitando a todos aqueles que não conseguiram caminhar lado a lado conosco, deixando para cada um deles o roteiro luminoso do Evangelho do Cristo Jesus, para que um dia, amadurecidos, enveredem pelas estradas que amorosamente para eles tivemos a feliz ventura de desbravar.

41. TRANSFORMAÇÃO

O ser humano, de forma geral, apresenta fortes tendências para desejar que os inúmeros caminhos da vida venham a convergir para o completo atendimento dos seus objetivos, dos seus desejos, dos seus sonhos.

Almeja saúde, sucesso, amizades, reconhecimento, notoriedade; enfim, uma vida de fausto, sem percalços, plena de harmonia e paz.

Porém, o tempo continua seu paciente caminhar e, gradativa, mas, inexoravelmente o ser humano vai se apercebendo de que muitos dos seus objetivos não passam de fugazes ilusões que, sutilmente, vão fugindo das suas mãos, distanciando-se dos seus olhos e até mesmo do seu coração.

As responsabilidades, preocupações, decepções, insucessos, tristezas e também as alegrias, vão surgindo a cada dia, evidenciando suas incontáveis tonalidades.

Neste vivenciar ininterrupto, o ser humano se vê compelido a refletir, meditar, aquilatar suas virtudes, seus equívocos, e o que fazer para melhor usufruir esta jornada terrena.

Assim agindo, pouco a pouco vai se livrando da densa neblina materialista que o envolve e começa a se aperceber das diversas facetas do mundo e a conhecer o verdadeiro degrau em que se encontra estagiando a sua alma.

Gradualmente, passa a conscientizar-se de que a vida lhe proporciona constantemente muitas oportunidades e expectativas e, mansamente, como que por encanto, vai compreendendo que as suas tristezas de agora são, na realidade, as antessalas das suas futuras alegrias e que as lágrimas, nascidas no vertedouro dos seus sentimentos, vão lavando sua alma, transformando-a, no amanhã, em estrela radiante de fraternidade, caridade e amor.

Quando premido pela dor dos mais diversos matizes, este ser humano, passa a sentir os corações de todos aqueles que o acompanham nesta jornada de uma outra forma, com os olhos brandos da compreensão e o sentimento puro da fraternidade.

Principia a dar valor a tudo que tem recebido e a sentir no íntimo do seu ser o arrependimento, seguido do mais profundo remorso por não ter agido como deveria, por não ter feito, por tantos, o que agora tem a certeza de que mereciam.

A partir de então, passa a usufruir outras alegrias, de outros tantos momentos de regozijo e satisfação e inicia um mais seguro e consciente vivenciar.

Seus olhos adquirem a brandura, seus ouvidos a paciência, sua fala a doçura e todo o seu ser se transforma no acalanto da companhia e da amizade.

Assim sendo, vai olvidando pouco a pouco as ilusões da matéria, conscientizando-se de que a verdadeira felicidade está justamente em levar aos corações ressequidos pelas dores do mundo esses tesouros do Espírito, arduamente conquistados e agora ofertados simplesmente em nome do amor!

42.
ÚLTIMAS PALAVRAS

Você, que generosamente nos dedicou seu tempo
Procurando desfrutar momentos de reflexão,
Tenha sempre Jesus no seu pensamento
E muito, muito amor no seu coração

Horas preciosas foram dedicadas à leitura
Quando a espiritualidade se fez presente,
Faça agora para a vida novas posituras
Tendo a presença do Cristo em sua mente.

A vida nos proporciona inúmeras experiências,
Muitas das vezes, dissimuladas pela dor.
Porém, se bem compreendidas sem exigências,
Fazem emergir da alma o perfume do amor.

Mágoas, ingratidões, ressentimentos, tristezas
Deverão ser esquecidas pela doce compreensão,
Pois só a humildade encerra toda a realeza
Quando se faz coroada pela sinceridade do perdão.

Transforme-se, espelhado nos exemplos de Jesus
Fazendo em si o amor florescer
Atenuando do próximo o peso da sua cruz

Para sentir a verdadeira alegria de viver.

Desculpe-nos se não conseguimos porventura
No seu coração carente e sofrido penetrar.
Talvez não tenhamos vislumbrado a abertura
Só nos restando pedir-lhe para nos perdoar.

Horas inteiras desfrutamos sua companhia
Plenas de profundas reflexões e de luz,
Agradecidos externamos nossa sincera alegria
Amplexados que fomos pelo Mártir da Cruz.

"Que Jesus forre com as flores da caridade o chão dos seus caminhos, para que você possa ofertar suas pétalas perfumosas a todos os irmãos necessitados que jornadeiam consigo neste generoso planeta azul."

Fim

OUTRAS OBRAS DE *Marcial Jardim*

14 x 21 cm
256 páginas

Ao término de sua leitura, não nos restarão dúvidas de que ao percorrermos as estradas da vida, o Pai de infinita bondade nos presenteia com a companhia de seres humanos que, com as flores do trabalho, do respeito e da submissão, adornam o transcorrer dos nossos dias. Porém, seduzidos pelo brilho ilusório dos tesouros do mundo, nem sempre os reconhecemos e, distraídos, não lhes damos o devido merecimento

Num passado distante, seres humanos, vestindo a toga negra dos inquisidores, escudados pelo poder, irrestrito, do Clero vigente, em nome do Cristo, cometeram as maiores barbáries, ceifando vidas inocentes, destruindo, sem compaixão, famílias inteiras, ensanguentando o chão por onde transitavam.

14 x 21 cm
288 páginas

OUTRAS OBRAS DE
Marcial Jardim

16 x 23 cm
384 páginas

Durante o desastroso transcorrer da Segunda Guerra Mundial, quando milhões de seres humanos, tiveram suas vidas cruelmente ceifadas em nome de um preconceito torpe e desumano dos frígidos poderosos, o ódio e a revolta passaram a enlaçar aquelas almas. Todavia, como o Pai de infinita misericórdia, concedera-lhe nova oportunidade encarnatória, durante a qual vítimas e algozes, transitando pelas mesmas calçadas da vida, haveriam de se reencontrar para, valendo-se das perfumadas veredas do perdão, intentarem se reconciliar.

OUTRAS OBRAS DE *Marcial Jardim*

Aliança

14 X 21 CM | 224 PÁGINAS

Como o escopo primordial deste livro é o de compartilhar com o prezado leitor, momentos esclarecedores acerca da- tão propalada Transição Planetária, nele foram inseridos temas transcendentais que se encontram latentes no mundo oculto que nos rodeia, na fraternal expectativa de que venha a sentir- se motivado a sobre eles refletir, formando o seu próprio juízo a respeito deste período único que a humanidade terrena está não só, atravessando, mas, principalmente, tendo o privilégio de vivenciar.